MW01488822

Anthony
de Mello

CHIAMATI ALL'AMORE

Riflessioni

Traduzione
di Renzo Fenoglio

Anthony de Mello

CHIAMATI ALL'AMORE

Riflessioni

Traduzione
di Renzo Fenoglio

Arnoldo
Mondadori
Editore

ISBN 88-04-43206-3

©1991, Gujarat Sahitya Prakash, Anand, India
Titolo originale dell'opera: *Call to Love – Meditations*
PAOLINE Editoriale Libri
© FIGLIE DI SAN PAOLO, 1994
I edizione I Miti giugno 1997
Edizione su licenza

Questo volume è stato stampato
presso Arnoldo Mondadori Editore S.p.A.
Stabilimento Nuova Stampa – Cles (TN)
Stampato in Italia – Printed in Italy

I libri di Padre Anthony de Mello sono stati scritti in un contesto multi-religioso per aiutare i seguaci di altre religioni, agnostici e atei, nella loro ricerca spirituale, e non sono stati concepiti dall'autore come manuali di istruzione dei fedeli cattolici nella dottrina cristiana o dogma.

Presentazione

Le riflessioni raccolte in questo volume sono le memorie di un mistico che, avendo avuto il coraggio di *vedere* la realtà, si ritrovò colmo di compassione e di amore verso tutti gli esseri viventi e verso tutte le cose, un mistico che «godeva di tutte le cose e di nessuna cosa».

Sono riflessioni che ripercorrono il duro sentiero sul quale Tony de Mello negli ultimi anni della sua vita fu condotto a spogliarsi di tutti i propri sistemi intellettuali, di tutte le ideologie, di tutte le formule e di tutti i legami, per avere accesso alla vita, all'amore, alla libertà, cioè alla solitudine più radicale.

L'argomento principale di queste riflessioni è l'amore e gli ostacoli che intralciano la via all'amore: cioè i legami, i desideri, le cupidigie, le idee preconcette: in una parola, i condizionamenti, e la maniera di liberarsene per arrivare a *vedere*, ad amare.

Ogni riflessione parte da un testo della Scrittura. Qualcuno potrà obiettare che de Mello utilizza questi brani solo come chiodi cui appendere le proprie idee. E potrebbe anche avere ragione, perché de Mello non fornisce un'esegesi di questi brani; le sue sono riflessioni personalissime di un mistico, convinto che la massima aspirazione di una persona possa essere soltanto la libertà da ogni cosa, una condizione nella quale poter «godere di ogni cosa, e di nessuna cosa», nella quale si ama senza alcun condizionamento. Egli enuclea da questi brani scritturistici le intuizioni più profonde e personali, andando oltre ogni qualsiasi esegesi.

Sono riflessioni che ci portano a capire che per arrivare a leggere la Verità noi abbiamo bisogno non di molte formule dottrinali ma di un cuore che sappia spogliarsi di tutte le proprie programmazioni e dei propri interessi: un cuore che non abbia nulla da proteggere, nulla cui correr dietro, un cuore libero perciò da paure e da costrizioni.

Non mi aspetto che tutti siano d'accordo con questo Autore: molti preferiscono non vedere le realtà che egli mette in luce. Lui stesso era consapevole che molti preferiscono i muri della propria prigione. Egli però sperava che alcuni, pochi, avrebbero avuto il coraggio di catapultarsi fuori dalla propria prigione e avrebbero sentito il desiderio di vedere la realtà delle cose e di essere trasformati da questo *vedere*.

De Mello vuole presentare un atteggiamento di base che è irrinunciabile per tutti, cristiani, indù, atei, un atteggiamento che richiama il *nishama karma* della tradizione indiana: quello che egli definisce il misticismo delle «attività senza profitto», un misticismo necessario a chiunque desideri collaborare alla costruzione di una società più giusta e più umana.

Vi sono ripetizioni, ma non si potevano evitare senza sacrificare alcune preziose intuizioni. Il testo, che esce postumo, viene riportato quale lui l'ha lasciato.

Ci si augura che qualcuno abbia il coraggio di prenderlo sul serio e che questo qualcuno arrivi alla fine a *vedere*.

Ahmedabad, 4 gennaio 1991

JOSEPH MATTAM SJ

Chiamati all'amore

1

«*Quale vantaggio avrà l'uomo
se guadagnerà il mondo intero
e poi perderà la propria anima?*»

Mt 16,26

Rifletti sulla sensazione che provi quando una persona si complimenta con te, quando vieni approvato per quello che hai fatto, quando vieni accettato per quello che sei, quando vieni lodato. Ripensa poi, da un altro punto di vista, alla sensazione che senti insorgere dentro di te davanti a un tramonto o a un'aurora, davanti alla natura in generale, o quando leggi un libro o assisti a una proiezione che ti coinvolge completamente. Rifletti su queste sensazioni e mettile in paragone con quanto hai provato quando sei stato lodato. Ti renderai conto che quest'ultimo tipo di sensazioni deriva da una «autoglorificazione», da una «autopromozione»: sono sensazioni esteriori; le sensazioni invece di cui abbiamo parlato prima derivano da una «autorealizzazione»: sono sensazioni dell'anima.

Veniamo a un'altra differenza: ripensa alla sensazione che provi quando hai successo, quando riesci in qualcosa, quando sei arrivato ai vertici, quando vinci una gara, o una scommessa, o una discussione. Confronta ora questa sensazione con la gioia che provi, per esempio, quando realmente sei soddisfatto del tuo lavoro, un lavoro che realmente coinvolge tutto, che ti tiene occupato in continuazione. E, anche in questo caso, nota la differenza tra la prima sensazione, che è esteriore, e la seconda, che è dell'anima.

Un'altra differenza ancora: ricorda quale sensazione provavi quando avevi in mano il potere, quando eri tu il capo e la gente guardava a te e prendeva da te gli ordini, quando cioè eri popolare. E a questa sensazione esteriore opponi la sensazione di intimità, di affiatamento che hai provato quelle volte in cui realmente ti sei sentito bene in compagnia di un amico o in una brigata spassosa e spensierata.

A questo punto, cerchiamo di capire la vera essenza delle sensazioni esteriori che derivano non dall'autorealizzazione ma dall'autoglorificazione. Non si tratta di sensazioni naturali: esse sono inventate dalla società e dalla cultura in cui siamo inseriti per renderci produttivi e per poterci controllare. Queste sensazioni non ci danno quella pienezza e quella felicità che sentiamo insorgere in noi quando contempliamo la natura o quando godiamo della compagnia di un amico o del lavoro che stiamo facendo: sono sensazioni che mirano a produrre scalpore, ebbrezza, e hanno come risultato il... vuoto.

Osserva quello che è il corso di una tua giornata o di una tua settimana e rifletti: tra le azioni che vengono da te compiute, tra le attività in cui ti impegni quante si possono dire immuni da questo desiderio di gesti sensazionali, di eccitazioni, da questo desiderio di attenzione, di plauso, di fama, di popolarità, di successo o di potere?

Adesso da' un'occhiata alla gente che ti sta attorno: trovi forse un'unica persona che non sia alla ricerca di queste soddisfazioni terrene, una persona che non ne sia dominata, che non ne sia affamata, che consciamente o inconsciamente non spenda un solo attimo della propria esistenza senza cercarle?

Dopo aver visto tutto questo capirai come la gente cerchi di guadagnare il mondo intero, con il risultato di perdere la propria anima. Ecco, la gente vive una vita vuota, una vita senz'anima.

Per concludere, una parabola della vita, su cui riflettere. Un gruppo di turisti, comodamente seduto su un pullman, attraversa un paesaggio a dir poco smagliante: laghi, montagne, prati e fiumi. Ma le tendine ai finestrini sono abbassate e i passeggeri, completamente ignari di ciò che sta fuori dal pullman, passano tutto il tempo a spettegolare su chi merita di andarsi a sedere nei posti davanti, su chi sta facendo più bella figura, su chi è più rispettabile fra tutti. E così via..., e arriva la fine del viaggio.

2

«Se uno viene a me
e non odia suo padre, sua madre,
la moglie, i figli, i fratelli, le sorelle
e perfino la propria vita,
non può essere mio discepolo.»

Lc 14,26

Continua a guardarti attorno e vedi l'infelicità che regna nel mondo, attorno a te e dentro di te. Sai spiegartene il motivo? Tu dirai: la solitudine, l'oppressione, la guerra, la cattiveria, l'ateismo... E ti sbagli. Una sola è la radice dell'infelicità: le false certezze che hai in testa, quelle certezze talmente diffuse e difese che non hai mai creduto di doverle porre in discussione. A motivo di queste certezze devianti tu vedi il mondo e te stesso da una prospettiva sbagliata. I tuoi schemi mentali sono così costringenti, e la pressione che la società esercita su di te è così forte che tu sei come obbligato a vedere il mondo in questa maniera distorta. Non c'è via di scampo, proprio perché non ti viene neppure il sospetto che il tuo modo di vedere sia miope, che il tuo modo di pensare sia distorto e che le tue certezze siano false.

Guardati ancora attorno e vedi se puoi trovare una sola persona autenticamente felice, libera da paure, incertezze, ansietà, tensioni e preoccupazioni: a essere fortunato, ne troverai una su centomila.

Ciò dovrebbe indurti a guardare con sospetto alle programmazioni e alle certezze che tu e questa gente avete in comune.

Tu, però, sei stato programmato anche a vivere senza sospetti, senza dubbi, programmato a fidarti delle certezze che sono state seminate in te dalla tua tradizione, dalla tua cultura, dalla tua società e dalla tua religione. E se non ti ritrovi felice, tu sei stato addestrato anche a compiangere te stesso, e non a incolpare la tua pianificazione, i tuoi modelli, le tue certezze culturali ed ereditarie.

A rendere ancora più tragica questa situazione, c'è poi il fatto che molta gente ha subìto un tale lavaggio del cervello che non si rende neanche più conto di essere infelice: così come un uomo che sogna non si rende conto che sta sognando.

Quali sono queste false certezze che ti bloccano la strada alla felicità?

Eccone alcune.

Prima: tu non puoi essere felice se non hai quelle cose alle quali sei attaccato e che consideri così preziose. Il che è falso. Non esiste un solo momento della tua vita nel quale tu non abbia tutto quanto è necessario per essere felice. La ragione della tua infelicità sta nel fatto che tu punti la tua attenzione su ciò che non hai anziché su ciò che hai, in questo preciso momento.

Un'altra falsa idea: la felicità sta nel futuro. Non è vero. Tu sei felice dove ti trovi e in questo preciso istante; ma non lo sai, perché le tue false certezze e la tua distorta maniera di vedere le cose ti hanno incapsulato in timori, ansietà, legami, conflitti, pedina responsabile in giochi in cui è programmato che tu debba partecipare. Se tu riuscissi a vedere al di là di tutti questi schermi, scopriresti di essere felice senza saperlo.

Ancora un'altra falsa certezza: si raggiunge la felicità se si riesce a manipolare debitamente le situazioni nelle quali ci si trova e la gente che ci sta d'intorno. Non è vero. La gente sperpera stupidamente energie su energie per «ristrutturare» il mondo. Se il destino della tua vita è di cambiare il mondo, bene, vai avanti e cambialo, ma non illuderti che ciò possa renderti felice: ciò che ti fa felice o infelice non è il mondo e la gente che ti circonda, ma i pensieri che ti tieni in testa. Come è inutile cercare un nido d'aquila in fondo a un oceano, altrettanto inutile è cercare la felicità nel mondo che sta fuori di te.

Se perciò è la felicità che vuoi trovare, non continuare a sprecare le tue energie cercando rimedi alla tua calvizie, o cercando di modellarti un fisico aitante, o cambiando la tua casa, o il lavoro, o il condominio, o il tuo stile di vita o addirittura la tua personalità. Ti rendi conto che tu potresti anche riuscire a cambiare tutte queste cose, che potresti avere il *look* più smagliante e la personalità più invidiabile, che potresti riuscire a vivere nell'ambiente più piacevole e che ciò nonostante potresti ancora essere infelice?

Nelle più riposte pieghe del tuo essere tu sai che tutto questo è vero, ma ugualmente continui a sprecare i tuoi sforzi e le tue energie alla ricerca di un qualcosa che già sai che non ti può rendere felice.

Ancora un'ultima falsa certezza: si è felici quando tutti i desideri vengono appagati. Non è vero. In realtà, sono proprio questi desideri e legami a renderti teso, frustrato, nervoso, insicuro e pauroso. Compila una lista di tutti i tuoi legami e di tutti i tuoi desideri, e accanto a ognuno scrivi: «Dal profondo del mio essere io so che anche quando lo avessi soddisfatto non avrei raggiunto la felicità». Rifletti sulla verità di questa frase. Il soddisfacimento di un desiderio può al massimo regalarci sprazzi di voluttà, lampi di ebbrezza, ma tu non devi confonderli con la felicità!

Che cos'è allora la felicità? Pochissimi sanno rispondere, e nessuno sa esprimerlo a parole, perché la felicità non può essere descritta. Riusciresti a descrivere la luce a gente che fosse rimasta seduta nelle tenebre per tutta la vita? Riesci a descrivere la realtà a uno che sta sognando? Riconosci la tua tenebra ed essa scomparirà: e allora saprai che cos'è la luce. Riconosci i tuoi incubi per quello che sono e così scompariranno, e tu ti risveglierai alla realtà. Riconosci le tue false certezze ed esse svaniranno: soltanto in questo modo potrai pregustare la felicità.

Dal momento che gli uomini inseguono la felicità in maniera tanto distorta, perché non cercano di chiarire a se stessi le proprie false certezze?

Primo, perché non succede mai che essi le vedano come false; talvolta anzi non le vedono neppure come certezze, ma semplicemente come fatti e realtà esterne, tanto profondamente sono stati incapsulati nella pianificazione.

Secondo, perché sono terrorizzati all'idea di perdere l'unico mondo che essi conoscono: il mondo dei desideri, dei legami, delle paure, delle pressioni sociali, delle tensioni, delle ambizioni, delle ansie, della colpa, con quei lampi di piacere, di sollievo e di ebbrezza che queste cose riescono a trasmettere. Prova a immaginare un uomo che abbia il terrore di uscire da un incubo perché, in fin dei conti, quello è l'unico mondo che egli conosce: bene, hai qui la fotografia di te stesso e della gente che ti circonda.

Se vuoi raggiungere una felicità duratura devi esser disposto a odiare padre, madre, perfino la tua stessa vita e dire addio a tutto ciò che possiedi. In che modo? Non già rinunciando a tutte queste realtà (perché continueresti sempre a restare legato alle cose cui hai rinunciato forzatamente), quanto piuttosto vedendole come incubi, quali realmente sono; se tu le consideri così, non ha più importanza che tu le lasci oppure no: esse avranno perso il loro dominio su di te, la loro capacità di ferirti, e tu sarai finalmente fuori dai tuoi sogni, fuori dalla tua tenebra, dalle tue paure, fuori dalla tua infelicità.

Spendi perciò un po' del tuo tempo a cercar di vedere nella loro realtà le cose cui cerchi di aggrapparti, questi incubi che ti procurano ebbrezza e voluttà da un lato ma anche tribolazioni, insicurezza, tensione, trepidazione, paura, infelicità dall'altro.

Padre e madre: incubi; moglie e figli, fratelli e sorelle: incubi; tutti i tuoi averi: incubi; la tua vita così com'è oggi: un incubo; qualsiasi cosa alla quale tu ti aggrappi e che, secondo te, è l'unica che possa darti la felicità: un incubo.

A questo punto odierai padre e madre, moglie e figli, fratelli e sorelle e la tua stessa vita, con tutti i tuoi averi: cesserai cioè di aggrapparti a queste cose e così avrai annullato la loro capacità di ferirti. A questo punto, finalmente, potrai sperimentare quella misteriosa condizione che non può essere descritta ed espressa: il dimorare nella felicità e nella pace. E capirai quanto sia vero che chiunque cessa di aggrapparsi a fratelli o sorelle, padre, madre o figli, terra o case..., riceve il centuplo di tutto e guadagna la vita eterna.

3

«A chi ti vuol chiamare in giudizio
per toglierti la tunica,
tu lascia anche il mantello.
E se uno ti costringerà a fare un miglio,
tu fanne con lui due.»

Mt 5,40 e 41

Se per un attimo prendi in considerazione il modo in cui sei stato «costruito» e il modo in cui «funzioni», vedrai che all'interno del tuo cervello è inserito un programma completo, con una serie di richieste che dicono come dovrebbero andare le cose del mondo, come dovresti essere tu e addirittura che cosa dovresti desiderare...

Chi è responsabile di questa programmazione?

Non tu, sicuramente: non sei stato tu a pianificare questi elementi di base che sono le tue esigenze, i tuoi desideri, i tuoi cosiddetti bisogni, i tuoi valori, i tuoi gusti, le tue attitudini.

Sono stati i tuoi genitori, la società in cui ti trovi inserito, il tuo ambiente culturale, la tua religione, il tuo vissuto personale, a immettere questi schemi operativi nel computer che ti porti dentro.

Ormai, qualunque età tu abbia, qualunque sia la direzione in cui stai andando, questo tuo computer cammina con te, attivo e operante in ogni singolo momento cosciente delle tue giornate, e imperiosamente chiede che le sue esigenze siano soddisfatte dalla vita, dalla gente e da te.

Quando le sue richieste sono soddisfatte, il computer ti concede di essere in pace e felice; in caso contrario – anche senza che tu ne abbia colpa – il computer inocula in te reazioni emotive di segno negativo, che ti fanno soffrire.

Quando, per esempio, la gente non si comporta secondo le attese del tuo computer, esso ti rode con sensi di frustrazione, di rabbia o di amarezza.

O ancora: quando gli avvenimenti sfuggono al tuo controllo, quando il futuro si fa incerto, il tuo computer ti fa sperimentare ansietà, tensione, preoccupazioni. E allora tu sprechi molte energie per venire a capo di queste sensazioni negative. E generalmente ci riesci solo profondendo le tue forze nel tentativo di ristrutturare il mondo attorno a te in maniera da soddisfare le richieste del tuo computer.

Se ciò si verifica, ti sei assicurato uno scampolo di felicità, sia pure provvisoria. Provvisoria, perché da un momento all'altro una bagatella qualunque (un treno che ritarda, un registratore che s'inceppa, una lettera che non arriva..., una cosa qualunque) viene a scontrarsi con le previsioni programmate del tuo computer, il quale perciò torna alla carica ripresentandoti le sue richieste inevase.

E così tu vivi un'esistenza a dir poco penosa, continuamente in balìa delle cose e della gente, sempre nel tentativo di far adeguare cose e persone agli ordini del tuo computer, in maniera da godere di tanto in tanto dell'unica pace che ti sia consentita, cioè queste brevi pause concesse dal tuo computer e dai suoi programmi.

Esiste una via di scampo?

Sì, esiste.

Non arriverai certo a padroneggiare la tua pianificazione in breve tempo, o forse non ci arriverai mai. Ma non ne hai neppure bisogno.

Prova questo sistema: immagina di trovarti in una situazione spiacevole o in compagnia di una persona che ordinariamente eviteresti. E vedi come il tuo computer si mette immediatamente in agitazione, spingendoti a evitare quella situazione o a cambiarla. Ma se tu non fai niente per cambiare quella situazione o per evitare quella persona, ecco che allora il computer insiste: e ti fa provare irritazione, o apprensione, o senso di colpa, o chissà quale altra emozione negativa.

Se però continui a riflettere su quella situazione incresciosa o su quella persona spiacevole, ti renderai conto che non sono esse a cagionarti le emozioni negative: situazioni e persone, infatti, seguono la loro strada, sono quel che sono, giuste o sbagliate, nel bene o nel male. È il tuo computer che in base ai suoi programmi ti fa reagire in maniera negativa nei loro confronti.

Capirai meglio tutto questo quando ti accorgerai che un'altra persona, con un diverso programma, di fronte a quelle stesse situazioni o persone o avvenimenti potrebbe reagire con molta calma, forse anche con gioia.

Non fermarti nella tua riflessione finché non

avrai afferrato questa verità: l'unico motivo per cui non reagisci anche tu con la stessa calma o felicità è perché il tuo computer insiste, cocciuto, nel richiedere che il reale venga ristrutturato in maniera da conformarsi ai suoi programmi.

Osserva tutte queste cose, per così dire, dal di fuori, e vedrai quale meraviglioso cambiamento si verifica in te.

Quando avrai capito questa verità e conseguentemente avrai impedito al tuo computer di far sorgere in te sensazioni negative, tu potrai intraprendere qualsiasi azione di cui ti senta capace: potrai evitare quella situazione spiacevole o girare al largo da quella persona che ti disturba, come potrai anche cercare di cambiarle; potrai impuntarti perché i diritti tuoi e quelli degli altri vengano rispettati; potrai anche ricorrere all'uso della forza.

Ma tutto questo lo potrai fare soltanto dopo che avrai dominato il tuo scombussolamento emozionale, perché a quel punto il tuo agire sarà frutto della pace e dell'amore, non più del desiderio nevrotico di tacitare il computer che è dentro di te o di conformarti ai suoi programmi, e ti sarai sbarazzato delle emozioni negative che esso ti faceva scaturire dentro.

Allora capirai quanto profonda sia la saggezza racchiusa in questa frase: «A chi ti vuol chiamare in giudizio per toglierti la tunica, tu lascia anche il mantello. E se uno ti costringerà a fare un miglio, tu fanne con lui due».

A questo punto, infatti, ti risulterà chiaro ed

evidente che la vera oppressione deriva non da chi magari ti convoca in giudizio, non da un despota che ti costringe a un lavoro da schiavo, bensì dal computer che hai dentro di te, il quale con i suoi programmi distrugge la tua serenità di spirito tutte le volte in cui le circostanze esterne non corrispondono più alle sue richieste.

Si son visti uomini e donne felici anche nei campi di concentramento! È dalla costrizione della tua stessa pianificazione che hai bisogno di essere liberato.

Solo a queste condizioni sperimenterai in te stesso quella libertà interiore che costituisce l'unica spinta plausibile per qualsiasi rivoluzione sociale, perché allora la forte emozione (la passione, anzi) che sentirai nascere nel tuo cuore alla vista dei mali sociali e che ti spingerà a fare qualcosa di concreto avrà origine non dalla tua pianificazione o dal tuo *io* ma dalla realtà delle cose.

4

*«Il giovane se ne andò afflitto
perché aveva molti beni.»*

Mc 10,22

Non ti ha mai colpito la sensazione di essere stato programmato per essere infelice, e che perciò, qualunque cosa tu faccia per essere felice, i tuoi sforzi saranno destinati a fallire? È come se tu rimpizzassi un computer di formule matematiche e poi ti arrabbiassi ogni volta che gli chiedi di mostrarti a video dei versi di Shakespeare! Vuoi essere felice? La prima cosa di cui hai bisogno non è lo sforzo, e neppure la buona volontà, né i buoni desideri, ma piuttosto la conoscenza precisa di come sei stato programmato.

Ecco come si sono svolte le cose: primi fra tutti, il tuo ambiente e la tua cultura ti hanno insegnato a credere che non sarai felice senza certe persone e certe cose. Guardati attorno: dappertutto gente che effettivamente imposta la propria vita sull'intoccabile presupposto che senza alcune cose (diciamo denaro, potere, successo, approvazione, buona fama, amore, amicizie, spiritualità, Dio) non è possibile essere felici. In questo senso, qual è la tua formula specifica?

29

Una volta ingoiata la pillola della tua personale persuasione, in te naturalmente si è scatenata una passione per quella data persona o cosa, di cui sei convinto di non poter fare a meno per essere felice. Di qui, i tuoi sforzi per avvinghiarti a quella persona o cosa così preziose, una volta che sei arrivato a impossessartene; e gli sforzi per spazzar via anche solo l'eventualità di perderle. Questo ti ha condotto a una abbietta dipendenza emozionale, per cui gli oggetti del tuo attaccamento hanno acquistato su di te il potere di *farti fremere* quando li hai raggiunti, di renderti *ansioso* quando ne sei privo, di farti sentire *miserabile* quando ti capitasse di perderli. Fermati un attimo, ora, e inorridisci nell'esaminare la lista senza fine dei legami di cui sei diventato prigioniero. Pensa a persone e cose in concreto, non a entità astratte...

Dal momento in cui i tuoi legami ti stringono nella loro morsa, tu incanali tutti i tuoi sforzi, per dritto e per traverso, in ogni istante della tua vita, a ristrutturare in maniera diversa il mondo circostante, per garantirti la conquista degli oggetti cui sei legato. Ma tutto questo diventa molto stressante e ti lascia poi poca forza residua per impegnarti a vivere, a vivere in pienezza. Oltre tutto, è anche un'incombenza difficile da adempiere, in un mondo che cambiando di continuo sfugge a tutti i tuoi tentativi di controllarlo.

E così, invece di una vita realizzata al massimo, ti ritrovi condannato a una vita di frustrazioni, di trepidazione, di disappunto, di insicurezza, di tensioni. Certo, per alcuni fugaci momenti il mondo cede ai tuoi sforzi e si adatta a seguire i tuoi desideri; e allora tu per un poco sei felice. O, meglio, sperimenti un lampo di piacere che non è affatto felicità, perché nasconde la paura che questo mondo di cose e di persone, che hai faticosamente ristrutturato a tua misura, sfugga improvvisamente al tuo controllo e ti lasci a terra; e ciò è inevitabile che avvenga, presto o tardi.

C'è poi un altro particolare da prendere in considerazione: ogni qual volta ti assalgono l'ansia e la paura, ciò è dovuto al fatto che tu puoi perdere o mancare di raggiungere l'oggetto del tuo attaccamento. Non è così?

E ogni volta che ti assale la gelosia non è forse perché qualcuno potrebbe svignarsela con l'oggetto cui sei attaccato? E tutta la tua rabbia non deriva forse quasi sempre dal fatto che qualcuno si para davanti all'oggetto che tu vai cercando? Vedi allora come diventi paranoico quando una qualche minaccia incombe sull'oggetto cui sei legato: non riesci più a pensare con obiettività, il tuo modo di vedere le cose diventa distorto. Non è così?

E ogni volta che ti senti infastidito non è forse perché non riesci a raggiungere in sufficiente misura ciò che credi ti faccia felice o ciò cui sei particolarmente attaccato? E quando sei così depresso e malridotto, il motivo sta davanti agli occhi di tutti: la vita non ti sta dando ciò di cui sei convinto di non poter fare a meno per essere felice.

Ogni sensazione negativa che ti assale è quasi sempre la risultanza diretta di un tuo legame.

E così tu ti trovi oberato negativamente dai tuoi legami, e i tuoi sforzi per raggiungere la felicità vanno proprio a rafforzare quella carica negativa che è in te. È una situazione intrinsecamente assurda. La tragedia sta nel fatto che a ognuno di noi è stato insegnato che questo è l'unico sistema per arrivare alla felicità. È un metodo, al contrario, che è garantito per produrre ansietà, delusioni e sofferenze. È difficile che a qualcuno sia stata insegnata questa verità: che per essere autenticamente felici una cosa sola è necessaria (e questa soltanto): depianificarsi, sciogliersi da ogni legame.

Quando la gente s'imbatte in questa verità così evidente in se stessa, diviene preda del terrore al pensiero della sofferenza che prevedibilmente dovrà sostenere per sbarazzarsi dei legami.

Ma non si tratta di un procedimento doloroso.

Al contrario, liberarti dei tuoi legami può diventare un'operazione del tutto piacevole se la tecnica che usi non sarà quella della volontà o della rinuncia ma quella della... vista: ciò di cui hai bisogno è solo di aprire gli occhi per vedere che in realtà tu non hai bisogno alcuno di quello che è l'oggetto del tuo legame; aprire gli occhi per vedere che sei stato pianificato e hai subìto un lavaggio del cervello che aveva l'unico scopo di convincerti che non saresti stato felice senza quella precisa persona o cosa. Ricorda lo strazio che ti ha sommerso, la persuasione di non poter essere mai più felice, quando hai perduto quella persona o quella cosa che ti sembravano così indispensabili. Ma poi che cosa è successo? È trascorso del tempo, e tu hai imparato a venirne fuori molto bene, non è vero? Ciò dovrebbe metterti in guardia contro la fallacia delle tue certezze, contro l'imbroglio in cui la tua pianificazione ti ha inviluppato.

Un legame non è un fatto concreto: è una persuasione, una fantasia della tua mente, acquisita attraverso la tua pianificazione. Se quella fantasia non avesse preso piede nella tua mente, non vi sarebbero legami: tu ameresti cose e persone e ne godresti profondamente ma, senza quella fissazione, ne godresti con spirito libero da legami.

In effetti, esiste un'altra maniera di godere realmente di qualcosa? Passa in rassegna quelli che sono tutti i tuoi legami, e a ogni persona o cosa che ti passa davanti alla mente prova a dire: «Io non sono affatto legato a te: è completamente illusoria la mia persuasione che senza di te io non possa esser felice». Ripeti questa frase in tutta onestà e vedrai quale cambiamento si verificherà dentro di te: «Io non sono affatto legato a te: ho semplicemente truffato me stesso, nella persuasione di non poter essere felice senza di te».

5

Che cosa si può fare per raggiungere la felicità?
Niente: non c'è niente che tu o chiunque altro
possiate fare. Perché? Per la semplice ragione che
oggi tu in effetti felice lo sei già. Come si può conquistare ciò che già si possiede? Se le cose stanno
così, come mai non riesci a goderti questa felicità
che è già tua? Perché il tuo spirito ti crea angustie
a ogni piè sospinto. Caccia queste angustie dal
tuo spirito e questa felicità che è da sempre tuo
retaggio affiorerà immediatamente.

Come liberarti dell'infelicità? Cerca di scoprire
e di analizzare fino in fondo la causa di quell'infelicità, ed essa scomparirà.

A questo punto, se approfondisci la tua indagine, vedrai che esiste una cosa (una sola) che provoca angustia, e il suo nome è «attaccamento».

Che cosa significa «attaccamento»? Uno stato
emozionale provocato dalla persuasione che senza quella specifica persona o cosa tu non puoi essere felice. In questo stato emozionale sono ravvi-
sabili due elementi, l'uno positivo, l'altro negativo.

La componente positiva è costituita da quel lampo di voluttà e di ebbrezza, da quel brivido che tu sperimenti quando riesci a raggiungere l'oggetto cui ti senti attaccato. La componente negativa è costituita dalla sensazione di minaccia e di tensione che va sempre di pari passo con l'attaccamento. Immagina un prigioniero che trangugia la sua razione di pane in un campo di concentramento: con una mano porta il pane alla bocca, con l'altra lo protegge dai compagni di prigionia che stanno lì attorno pronti a sottrarglielo al suo primo attimo di disattenzione. È l'immagine perfetta di una persona affetta da attaccamento.

Per sua natura intrinseca, l'attaccamento ti rende vulnerabile all'agitazione emozionale ed è sempre lì pronto a mandare in frantumi la tua pace. Come si può pensare perciò che una persona affetta da attaccamento possa entrare in quell'oceano di felicità che è il regno di Dio? Sarebbe come pensare che un cammello passi attraverso la cruna di un ago!

La tragedia dell'attaccamento è che esso causa infelicità se il suo oggetto non viene raggiunto. Però, anche se questo oggetto viene raggiunto, non per ciò ne deriva felicità: questo raggiungimento procura soltanto un lampo di voluttà immediatamente seguito da stanchezza e sempre accompagnato dalla trepidazione di poter perdere l'oggetto dell'attaccamento.

Tu dirai: «Ma non posso conservare neppure un attaccamento?». Ma certo: ne puoi conservare quanti ne vuoi. Ma per ognuno pagherai un prezzo di infelicità. Tale è la natura degli attaccamenti che se in una giornata tu riuscissi anche a soddisfarli tutti ma te ne restasse uno solo insoddisfatto, quest'uno ti peserebbe sull'anima e sarebbe sufficiente a renderti infelice. Non c'è modo di vincere la battaglia contro i legami. C'è forse acqua senza umidità? Così non c'è attaccamento senza infelicità. Non è ancora nato chi sappia trovare la formula per conservare gli oggetti di un attaccamento senza battaglie, ansie, timori e, prima o poi, fallimenti.

C'è un'unica via per venire a capo dei legami: lasciarli perdere. Contrariamente a quanto si può credere, la cosa non è difficile. Tutto ciò che devi fare è di metterti davanti agli occhi, per «vederle» seriamente, queste verità che vado a elencare.

Prima verità: tu stai aggrappato a una falsa certezza, e cioè la persuasione che senza quella particolare persona o cosa tu non possa essere felice. Analizza i tuoi legami a uno a uno, e vedrai la falsità di questa persuasione. Potrai trovare resistenza dentro il tuo intimo, ma nel momento in cui tu afferrerai questa verità, vi sarà un immediato risultato nel campo delle emozioni. In quel preciso istante l'attaccamento perderà ogni sua forza.

Seconda verità: se impari a godere delle cose impedendo a te stesso di diventarne schiavo, se cioè rifiuti di credere alla falsa certezza che senza di quelle non potrai essere felice, tu ti risparmi tutte le lotte e le fatiche per proteggerle e conservartele. Ti è forse successo di poter conservare tutti gli oggetti dei tuoi legami senza rinunciare a uno solo di essi; però se tu ti liberi dai legami e li consideri da un punto di vista non esclusivamente possessivo, tu ne godi ancor di più, perché in questo caso tu sei in pace con te stesso, tranquillo, e sicuro da minacce.

Terza e ultima verità: se imparerai a godere del profumo di mille fiori non ti succederà più di aggrapparti a uno solo di essi o di soffrire quando non riuscissi a cogliere quell'unico fiore che ti manca. Se trovi gusto in mille pietanze diverse, la mancanza di una fra le mille passerà inosservata e non oscurerà la tua felicità. Ma sono proprio i tuoi attaccamenti a impedirti di sviluppare questo più largo e più vario gusto per le cose e le persone.

Alla luce di queste tre verità non c'è attaccamento che resista. Ma questa luce deve risplendere in continuità se si vuole che sia efficace. Gli attaccamenti prosperano soltanto nel buio delle illusioni.

L'uomo ricco non può entrare nel regno della gioia: non già perché egli sceglie di essere cattivo ma perché sceglie di essere cieco.

6

*«Le volpi hanno le loro tane
e gli uccelli del cielo i loro nidi,
ma il Figlio dell'uomo
non ha dove posare il capo.»*

Mt 8,20

Passiamo ora ad analizzare un errore in cui molti cadono nelle loro relazioni con il prossimo: essi cercano di crearsi un punto fermo nella fluttuante corrente della vita.

Pensa alla persona di cui desideri conquistare l'amore. Vuoi diventare importante per questa persona? Vuoi essere unico per essa, vuoi operare una trasformazione nella sua esistenza? Vuoi che questa persona si interessi a te ed entri con te in una relazione unica? Allora, apri bene gli occhi: tu stai stoltamente invitando quest'altra persona ad accettare te in maniera esclusiva, la inviti a limitare la tua libertà a suo piacere, a controllare il tuo comportamento, i tuoi itinerari, il tuo sviluppo, a esclusivo beneficio dei suoi interessi. È come se l'altra persona ti dicesse: «Se tu vuoi essere unico per me, devi stare alle mie condizioni, perché nel momento in cui cesserai di soddisfare le mie aspettative tu cesserai di essere unico per me». Tu volevi essere unico per quella persona, non è vero? E allora devi pagare un prezzo in perdita di libertà: deve ballare al ritmo imposto dall'altra persona, così come tu pretendi che gli altri ballino al tuo ritmo, se vogliono essere unici per te.

Soffermati ora a comandarti se sia il caso di pagare per così poco un prezzo così alto. Immagina di dire a questa persona, da cui vuoi un amore unico: «Lasciami libero di essere me stesso, di pensare con la mia testa, di seguire i miei gusti e le mie inclinazioni, di agire nel modo che più mi aggrada». Chiedendo queste cose, tu chiedi l'impossibile. Chiedere di essere unico per una persona significa essenzialmente impegnarti a rendere te stesso piacevole a quella persona; e a questo punto tu perdi la tua libertà.

Mettici tutto il tempo che vorrai, ma cerca di rendertene conto.

Può darsi allora che tu decida: «Preferisco la mia libertà al tuo amore». Se tu avessi da scegliere tra l'aver compagnia ma in carcere e il camminare libero ma senza compagnia, che cosa sceglieresti? Ora di' a quella persona: «Io ti lascio libero/a di essere te stesso/a, di pensare con la tua testa, di seguire i tuoi gusti e le tue inclinazioni, di comportarti nella maniera che più ti aggrada»

Appena pronunciate queste parole, si verificherà una di queste due reazioni: o il tuo cuore disconoscerà queste parole, e allora ti rivelerai per quello che sei, cioè uno che si aggrappa e che sfrutta (e allora analizza accuratamente la tua falsa certezza di non poter vivere né essere felice senza quella persona); oppure il tuo cuore pronuncerà queste parole sinceramente, e allora in quel preciso istante cadrà ogni controllo, ogni imbroglio, ogni sfruttamento, ogni possessività e gelosia: «Ti lascio libero (o libera) di essere te stesso: di pensare con la tua testa, di seguire i tuoi gusti e le tue inclinazioni, di comportarti nella maniera che più ti aggrada».

E noterai un'altra cosa: quella persona cesserà immediatamente di essere unica e importante per te. Diventerà importante nella stessa maniera in cui è godibile un tramonto o una sinfonia, nella stessa maniera in cui un albero è unico in se stesso, indipendentemente dai frutti e dall'ombra che ti può dare. Il tuo amato, allora, apparterrà non a te ma a tutti, o a nessuno: così come un tramonto o un albero. Sperimentalo ripetendoti queste parole: «Ti lascio libero di essere te stesso...». Dicendo queste parole hai reso libero te stesso: ora sei pronto per l'amore. Perché quando tu ti aggrappi all'essere amato, quello che tu offri non è amore ma una catena che legherà sia te sia l'altro. L'amore può esistere soltanto nella libertà.

Il vero amante cerca il bene dell'amato, il che richiede come elemento principale la liberazione dell'amato dall'amante.

7

«Il padrone di casa, irritato,
disse al servo:
"Esci subito per le piazze
e per le vie della città
e conduci qui poveri, storpi,
ciechi e zoppi".»

Lc 14,21

Pensa a una persona che non ti piace, una persona che generalmente tu eviti, perché la sua presenza ti provoca sensazioni negative. Immagina di averla presente in questo istante e senti le emozioni negative emergere dentro di te...

Ecco, tu ti trovi chiaramente davanti a uno che è povero, storpio, cieco e zoppo.

Ora cerca di capire questo: se tu dalla strada e dai vicoli inviti a casa tua questa persona, questo mendicante, cioè la ammetti alla tua presenza, questa persona ti fa un dono che non potrai ricevere da nessuno dei tuoi affascinanti e piacevoli amici, ricchi quanto si voglia. Questa persona ti svela te stesso, ti rivela la natura umana. È una rivelazione ineguagliabile, quale non ricevi neppure dalle Scritture: in effetti, di quale utilità ti potrebbe essere il conoscere anche tutte le Scritture se poi non conoscessi te stesso e vivessi perciò una vita da robot? La verità che questo mendicante ti porta spalancherà e dilaterà il tuo cuore fino a che in esso si creerà spazio per ogni creatura vivente. Puoi immaginare un dono più bello?

Ora metti sotto esame la tua reazione negativa e domandati: «Sono io che devo dominare questa situazione o è questa situazione che deve dominare me?». Questa è la prima rivelazione, seguita immediatamente dalla seconda: la via per arrivare a dominare questa situazione è di dominare te stesso. Come si acquista questa padronanza? L'unica cosa che devi fare è riconoscere che al mondo esistono persone che al tuo posto di fronte a quella persona non reagirebbero negativamente come fai tu. Si sentirebbero responsabili della situazione, al di sopra di essa, non succubi come lo sei tu. I tuoi sentimenti negativi, perciò, sono provocati non da questa persona – come tu erroneamente pensi – ma dalla tua «pianificazione» interiore: e questa è la terza e più rilevante rivelazione. Vedi che cosa avviene quando tu realmente «capisci»?

Dopo aver ricevuto queste rivelazioni su te stesso, senti ora la rivelazione sulla natura umana. Di questo comportamento, di questa caratteristica che nell'altra persona fa sì che tu reagisca negativamente al suo contatto, capisci che non è essa responsabile? Tu puoi alimentare in te questo atteggiamento negativo soltanto pensando erroneamente che lui/lei sia libero/a e consapevole, e perciò responsabile. Ma chi ha mai fatto il male in piena consapevolezza? Ciò che ci fa capaci di fare il male o di essere cattivi non è la libertà ma una debolezza, perché vi è implicita una mancanza di coscienza e di sensibilità. Chi è veramente libero non può peccare, come non può peccare Dio. Questa povera persona che ti sta davanti è soltanto storpia, cieca, zoppa, non ostinata o maliziosa come tu infondatamente pensi.

Comprendi questa verità, riflettici a lungo e profondamente, e vedrai il tuo atteggiamento negativo trasformarsi in gentilezza e in compassione. Ed ecco che immediatamente nel tuo cuore si farà spazio per uno che tu e gli altri avevate condannato alla strada e ai vicoli.

Ora capisci che questo mendicante è arrivato in casa tua con un'elemosina: l'allargamento del tuo cuore e la liberazione del tuo spirito nella libertà. Mentre prima tu venivi soggiogato (queste persone avevano il potere di creare sensazioni negative in te e tu cambiavi strada pur di non incontrarle), tu ora hai ricevuto il dono della libertà, che ti permette di non evitare nessuno, di andare dove ti piace.

Quando vedi questo, tu senti che nel tuo cuore al sentimento di compassione si è aggiunto un sentimento di gratitudine per questo mendicante che si è trasformato in tuo benefattore. E un altro sentimento ancora, anche questo insolito: tu adesso desideri la compagnia di questi storpi, ciechi e zoppi, che producono in te una crescita, così come uno che ha imparato a nuotare cerca l'acqua. Adesso infatti, ogni volta che ti trovi con queste persone, mentre prima provavi sentimenti negativi di oppressione e di costrizione, ora tu provi una sempre più comprensiva compassione, la libertà dei cieli. E quasi quasi non riconosci te stesso quando ti vedi andare per le strade e i vicoli della tua città, in obbedienza all'ingiunzione del Maestro di portarti in casa lo storpio, il cieco e lo zoppo.

8

*«Io sono venuto in questo mondo
per giudicare,
perché coloro che non vedono vedano
e quelli che vedono diventino ciechi.»*

Gv 9,39

Si dice che l'amore è cieco. Ma lo è veramente? In realtà niente al mondo ha buona vista quanto l'amore. Cieco non è già l'amore bensì il legame, l'attaccamento. Attaccamento, come abbiamo visto, è la condizione di uno che si aggrappa, che si avvinghia, nella falsa persuasione che una cosa o una persona sia indispensabile alla sua felicità. Hai dei legami, cioè qualche persona o cosa di cui erroneamente pensi di non poter fare a meno per essere felice? Mettili subito tutti in fila con precisione, prima che passiamo ad analizzare come essi ti accecano.

Pensa a un politico, il quale si sia convinto di non poter essere felice se non conquista il potere politico: la sua corsa al potere ottunde la sua sensibilità verso qualsiasi altra manifestazione della vita. A fatica riesce a ritagliarsi un po' di tempo per la famiglia e per gli amici. Immediatamente tutti gli esseri umani sono visti e abbordati nella prospettiva dell'aiuto o dell'ostacolo che possono costituire alla sua ambizione. Quelli che non gli sono né di ostacolo né di aiuto, nemmeno li degna di uno sguardo. Se poi in aggiunta a questa corsa al potere egli ha anche un attaccamento ad altre cose, tipo il sesso o il denaro, questo pover'uomo diventa così limitato nelle proprie visuali da potersi dire quasi cieco. E tutti se ne accorgono. Tutti eccetto lui.

Questa è una situazione spirituale che conduce al rifiuto del Messia, al rigetto della verità, della bellezza e della bontà, perché si arriva a una completa cecità nei riguardi di queste realtà.

Immaginati ora in una sala da concerto mentre ascolti un'orchestra nella quale i colpi dei timpani siano così forti da coprire ogni altro suono. Per godere una sinfonia, invece, tu devi poter seguire ogni singolo strumento dell'orchestra.

Per poterti fissare in quella condizione chiamata amore tu devi diventare sensibile all'unicità e alla bellezza di ogni singola cosa e persona che ti sta intorno. È difficile dire che ami una cosa che appena noti; e se tu noti solo alcune cose escludendo tutte le altre, ciò non è assolutamente amore, perché l'amore non esclude niente e nessuno: esso abbraccia la totalità della vita: ascolta una sinfonia nella sua globalità, non solo questo o quello dei vari strumenti.

Fermati un attimo a considerare come i tuoi attaccamenti amputano, isteriliscono la sinfonia della vita, proprio nella maniera in cui l'attaccamento viscerale del politico al potere e l'attaccamento dell'affarista al denaro li hanno resi sordi alla melodia globale della vita.

Ora guarda la cosa sotto un altro aspetto: un'enorme massa di informazioni irrompe continuamente su di te dal mondo attraverso i tuoi sensi, attraverso la rete degli organi del tuo corpo. Di queste informazioni solo una piccola porzione raggiunge il tuo spirito cosciente. È come l'infinita quantità di informazioni (di *feedback*, direbbero gli esperti di computer) che viene inviata al presidente di una nazione: solo una minima parte trova in definitiva la strada per arrivare a lui: nell'ufficio del presidente c'è sempre qualcuno che fa da schermo e filtra e seleziona i dati da fare arrivare a lui. Chi decide – fra tutto il materiale che ti piove addosso da tutto il mondo – che cosa deve trovare finalmente la strada per raggiungere il tuo spirito cosciente? Sono tre i filtri decisivi: primo, i tuoi legami; secondo, le tue idee fisse; terzo, le tue paure.

I tuoi legami. Tu inevitabilmente dedicherai la tua attenzione a ciò che li favorisce e a ciò che li minaccia, e non avrai occhi per tutto il resto. Non ti interesserai di tutto il resto, così come un avaro uomo d'affari non s'interessa di ciò che non costituisce guadagno.

Le idee fisse. Prendi un fanatico o una fanatica: fanno attenzione soltanto a ciò che conferma le loro persuasioni e ignorano tutto ciò che le mette in forse: così capirai che cosa producono in te le tue idee fisse.

Infine le tue paure. Se tu sapessi che devi essere giustiziato nel giro di una settimana, ciò occuperebbe il tuo spirito con esclusione di qualsiasi altro pensiero. Ciò è quanto producono le paure: esse fissano irresistibilmente la tua attenzione su alcune cose, escludendo tutte le altre. Tu pensi erroneamente che le tue paure servono a proteggerti, che le tue certezze ti hanno fatto quale sei e che i tuoi legami hanno reso la tua vita eccitante e sicura. Non ti accorgi invece che essi hanno innalzato uno schermo tra te e la sinfonia della vita.

Certo, è quasi impossibile seguire coscientemente ogni singola nota della sinfonia della vita: ma se il tuo spirito e i tuoi sensi sapranno aprirsi, tu comincerai a percepire e a reagire alle cose così come sono nella realtà e ti sentirai rapito dalle armonie dell'universo.

Capirai allora che cosa sia Dio, perché avrai capito che cos'è l'amore.

Considera ora il tutto sotto quest'altro aspetto: tu vedi le cose e le persone non come esse sono ma come sei tu. Se desideri vederle così come sono, devi fare attenzione ai tuoi legami e alle paure che questi producono. Quando infatti guardi alla vita, sono questi legami e queste paure a decidere che cosa tu devi notare e che cosa devi ignorare. Qualunque cosa tu noti, questa monopolizza la tua attenzione: e dal momento che il tuo guardare è stato essenzialmente selettivo, tu hai una visione illusoria delle cose e della gente attorno a te.

Più a lungo tu vivi con questa visione distorta del mondo, più diventi convinto che questo è l'unico volto del mondo, perché i tuoi legami e le tue paure continuano a selezionare i dati in arrivo in una maniera che confermerà sempre più il tuo modo di vedere. Ecco che cosa c'è all'origine delle tue idee fisse: una visione preconcetta e incorreggibile di una realtà che invece non è affatto immutabile o fissa ma in continuo movimento ed evoluzione. Perciò non è più il mondo reale che tu tratti e ami, ma un mondo creato dal tuo cervello.

Solo quando ti libererai dalle tue certezze, dalle tue paure e dai legami che le alimentano tu ti sentirai liberato dalla insensibilità che ti rende così sordo e cieco verso te stesso e verso il mondo.

9

«Convertitevi,
perché il regno dei cieli è vicino.»

Mt 4,17

Immagina un apparecchio radio che riesca a captare una sola stazione, nonostante tu insista nel girare la manopola; una radio sulla quale non puoi controllare il volume, per cui talvolta i suoni sono appena percepibili e talaltra arrivano a perforarti i timpani; una radio che non si può spegnere, che alle volte interrompe la trasmissione di suoni e parole, altre volte s'accende improvvisamente e comincia a squillare proprio quando tu vorresti riposare o dormire.

Chi sopporterebbe una simile radio?

Eppure quando il tuo cuore si comporta in questa stessa maniera pazza, tu non solo lo sopporti, ma lo definisci addirittura normale e umano.

Pensa quante volte sei stato sballottato dalle tue emozioni, quante volte hai subìto le fitte della rabbia, della depressione, dell'apprensione, quante volte il tuo cuore si è sentito portato verso qualcosa che tu non avevi, o ha voluto abbarbicarsi strettamente a qualcosa che avevi, o evitare qualcosa che tu rifiutavi.

Spasimavi per una persona e ti sei trovato rifiutato o geloso, appena il tuo spirito e il tuo cuore si sono focalizzati su quest'unica cosa, e il banchetto della vita è diventato cenere nella tua bocca.

Ti eri prefisso di spuntarla in una elezione e il fragore della battaglia ti ha impedito di udire il canto degli uccelli: la tua ambizione ha messo a tacere ogni altra voce.

Ti sei visto improvvisamente di fronte la minaccia di una malattia seria, o la eventualità di perdere una persona amata: ed ecco che tu non riesci più a concentrarti su nient'altro.

In breve: nel preciso istante in cui accetti che un attaccamento metta radici dentro di te, questo meraviglioso congegno che è il cuore umano va in frantumi.

Se vuoi riparare il tuo apparecchio radio devi studiarne i componenti e la meccanica. Se vuoi rinnovare il tuo cuore devi porre un'attenzione seria e continua a quattro verità liberatorie.

Ma prima scegli l'attaccamento che ti disturba di più, qualcosa cui sei particolarmente avvinghiato, o qualcosa che stai sognando o inseguendo da tempo, e tieni presente questo attaccamento esaminando queste quattro verità.

Prima verità.

Tu devi scegliere tra il tuo attaccamento e la tua felicità. Non li puoi avere entrambi. Nel momento in cui diventi preda di un attaccamento, il tuo cuore cessa di funzionare bene e viene annullata la tua capacità di vivere una vita serena e gioiosa, libera da preoccupazioni. Vedi quanto

questo sia vero, applicandolo all'attaccamento
che hai scelto di tener presente.

Seconda verità.

Da dove ha avuto origine il tuo attaccamento?
Chiaramente, non è nato con te. Ha avuto origine
da una menzogna che la tua società e la tua cultura ti hanno propinato e che tu hai ripetuto a te
stesso, e cioè che senza questa cosa o quell'altra,
senza questa persona o quell'altra, tu non puoi essere felice... Se apri gli occhi, vedi quanto ciò sia
falso: centinaia d'individui sono perfettamente felici anche senza queste cose o queste persone o
queste situazioni che tu stai inseguendo perché,
secondo te, non puoi farne a meno. Scegli perciò:
o i tuoi legami o la tua libertà e felicità.

Terza verità.

Se vuoi vivere in pienezza devi sviluppare in te
il senso della prospettiva: la vita è smisuratamen-
te più grande di queste miserie cui è abbarbicato
il tuo cuore, e alle quali hai permesso di sconvol-
gerti così in profondità. Miserie, ho detto: perché
se vivrai abbastanza a lungo, verrà facilmente il
giorno in cui tutti questi attaccamenti cesseranno
di avere tutta questa importanza, e addirittura
non te ne ricorderai neppure più. La tua esperienza te lo può confermare: a malapena riesci a ri-
cordare oggi piccole meschinità che nel passato
sono riuscite a darti terribili turbamenti.

E così la quarta verità è costituita da questa
conclusione inevitabile: che nessuna persona o
cosa esterna a te stesso ha la capacità di farti felice o infelice. Che tu ne sia convinto o meno, sei

tu, e soltanto tu, che decidi se essere felice o infelice, secondo che nelle singole situazioni ti aggrappi o meno ai tuoi legami.

Riflettendo su queste verità ti sarai accorto che il tuo cuore resiste, cerca argomenti da opporre a queste affermazioni, o addirittura rifiuta di prenderle in considerazione.

Ciò significa che i tuoi legami non ti hanno ancora fatto soffrire abbastanza da farti desiderare realmente di riparare il tuo apparecchio radio interiore.

Ma può anche darsi che il tuo cuore non opponga più resistenza a queste verità. Se è così, rallegrati con te stesso: il pentimento, la conversione del tuo cuore hanno avuto inizio, e il regno di Dio (questa gratificante e serena vita dell'infanzia spirituale) è finalmente giunto alla tua portata, e tu sei pronto a uscire da te stesso per prenderne possesso.

10

*«Maestro, che cosa devo fare di buono
per ottenere la vita eterna?»*

Mt 19,16

Immagina di essere in una sala da concerto, mentre ascolti il fluire della musica più carezzevole, e all'improvviso ti viene in mente che hai dimenticato di chiudere a chiave l'auto. Hai paura per l'auto, però non puoi neppure uscire dalla sala: e questo ti impedisce di godere della musica.

Ecco una raffigurazione perfetta di come vivono molti individui.

La vita è una sinfonia, per chi ha orecchi per ascoltarla; ma sono rari, estremamente rari, gli esseri umani che sanno ascoltare questa musica.

Perché? Perché sono occupati ad ascoltare il fragore che i loro condizionamenti e le loro pianificazioni interiori immettono nel loro cervello.

Questo è il primo motivo; poi ve n'è un altro: i loro legami. L'attaccamento è il principale assassino della vita. Per ascoltare realmente la sinfonia della vita, tutti i tuoi sensi devono mettersi in sintonia con ogni singolo strumento dell'orchestra. Se trovi diletto solo nelle percussioni, tu non puoi ascoltare la sinfonia, perché il fragore dei timpani ingoia tutti gli altri strumenti. Ti è permesso sì avere una preferenza per le percussioni, o per i violini, o per il pianoforte: nessun inconveniente, in questo, perché una preferenza non sminuisce la tua capacità di udire e di deliziarti degli altri strumenti.

Ma nel momento in cui la tua preferenza si trasforma in legame esclusivo, tu diventi sordo agli altri suoni, che immediatamente trascuri, e diventi cieco anche verso quello specifico strumento che prediligi fra tutti, perché tu gli attribuisci un valore assolutamente sproporzionato al ruolo che ha nell'orchestra.

Guardiamo ora la persona o la cosa verso cui avverti un attaccamento, questo qualcuno o questa cosa cui hai conferito il potere di renderti felice o infelice. Osserva: per esserti concentrato sulla conquista di questa persona o di questa cosa, e per esserti bloccato su di essa per goderne in maniera ossessiva ed esclusiva, tu hai perso sensibilità verso tutto il resto del mondo: ti sei fossilizzato. Abbi il coraggio di vedere quanto sei diventato fazioso e cieco, da quando sei preda di questo attaccamento.

Davanti a questa situazione è chiaro che insorge in te il desiderio di far piazza pulita di tutti i legami. Ma come fare? La rinuncia e l'abolizione non sono di alcun aiuto, perché l'abolizione dei timpani dall'orchestra non farebbe che ri-acuire la tua sensibilità esclusiva verso quello strumento, ottundendoti quanto il concentrarti unicamente su di esso. Tu hai bisogno non di rinunciare ma di capire, di farti consapevole. Se i legami ti hanno procurato malessere e sofferenze, ciò diventa un aiuto a capire. Se almeno una volta in vita tua hai gustato il dolce sapore della libertà e la gioia di vivere che è data dal distacco, anche questo costituisce un aiuto: aiuta a percepire coscientemente il suono degli altri «strumenti» che compongono l'orchestra.

Non c'è sistema che possa sostituire la conoscenza, che ti fa vedere che cosa perdi quando sopravvaluti uno strumento e chiudi gli orecchi a tutto il resto dell'orchestra.

Il giorno in cui raggiungi questa consapevolezza e cade il tuo attaccamento esclusivo a quello strumento, tu non dirai più al tuo amico: «Quanto mi hai reso felice», perché così dicendo tu blandiresti il suo *io* e influiresti su di lui in maniera tale da fargli venire il desiderio di continuare a farti piacere. E alimenteresti in te stesso l'illusione che la tua felicità dipenda da questo tuo amico. Tu gli dirai invece: «Quando noi due ci incontriamo, ecco che nasce la felicità». Ciò lascia la felicità inviolata, da te e da lui, e di questo nessuno di voi due può menare vanto. E a entrambi diventa possibile una compartecipazione reciproca scevra di ogni attaccamento, sperimentando ciò che il vostro incontro ha generato, perché assieme non avete goduto di voi stessi ma della sinfonia che il vostro incontro ha composto. Messo di fronte in futuro ad altre situazioni, o persone, o lavori, tu li affronterai senza alcuna emozione pregiudiziale. E avrai la gioia di scoprire che anche in quelle situazioni, con altre persone o in un altro lavoro, si creerà una sinfonia, pur con melodie differenti.

Ecco che ora ti muovi attraverso la vita, vivendo momento per momento, totalmente assorbito nel presente, portandoti dietro così poco del tuo passato che il tuo spirito potrebbe passare attraverso la cruna di un ago; libero dalla trepidazione per il futuro, come gli uccelli dell'aria e i fiori del campo; distaccato da ogni persona o cosa perché avrai sviluppato in te il gusto della sinfonia della vita. E amerai la vita soltanto, con l'appassionato attaccamento di tutto il tuo cuore, di tutta la tua anima, di tutto il tuo spirito e con tutte le tue forze. Ti troverai viandante senza zavorre e libero come un uccello in cielo, immerso in continuità nell'Eterno Presente.

E avrai trovato dentro di te la risposta alla domanda: «Maestro, che cosa devo fare per ottenere la vita eterna?».

11

«Gli si avvicinarono i suoi discepoli
per fargli osservare
le costruzioni del tempio.
Gesù disse loro: "Vedete tutte queste cose?
In verità vi dico, non resterà qui
pietra su pietra
che non venga diroccata".»

Mt 24,1 e 2

Immagina una persona corpulenta, un pan di burro tutto rotoli di grasso, e hai un'immagine di quello che può diventare il tuo spirito: adiposo, coperto di grasso fino a diventare troppo ottuso e pigro per pensare, per osservare, per esplorare, per inventare. Perde la sua sagacia e la sua perspicacia, la sua vivacità e la sua elasticità, e s'intorpidisce. Guardati attorno e vedi quante persone sono ridotte così: opache, assonnate, protette da strati di grasso, che non chiedono altro che non essere disturbate o stimolate a svegliarsi.

Che cosa sono questi strati di grasso sull'anima? Tutte le fissazioni che tu alimenti, tutte le idee preconcette che ti sei fatte su persone e cose, tutte le tue abitudini, i tuoi legami. Negli anni della tua formazione avrebbero dovuto aiutarti a raschiar via questi strati e a liberare il tuo spirito. La società in cui vivi, invece, la cultura di cui ti sei nutrito, ti hanno letteralmente coperto di questi strati e ti hanno insegnato anche a non rendertene conto, a dormirci sopra e a lasciare che siano gli altri – gli «esperti», i tuoi politici, i tuoi intellettuali e i tuoi capi religiosi – a pensare al posto tuo. E tu finisci schiacciato dal peso di un' autorità e di una tradizione che non vengono mai né vagliate né discusse.

Vediamo questi strati uno per uno.

Primo, la tua fede religiosa. Se tu prendi la vita da comunista o da capitalista, da musulmano oppure da ebreo, tu vivi la vita in una maniera preconcetta e tendenziosa: ecco una barriera, uno strato di grasso tra la Realtà e il tuo spirito, che non arriva più a vederla e toccarla direttamente.

Secondo strato. Le tue idee. Se riguardo a una persona ti fissi su una tua idea, a questo punto tu non ami più quella persona bensì l'idea che te ne sei fatta. Lo/la senti dire qualcosa?, lo/la vedi comportarsi in una certa maniera? Immediatamente ci applichi un'etichetta: «È stupida», «È noioso», «È crudele», «È decisamente deliziosa»…, eccetera. E da questo momento esiste uno schermo, uno strato di grasso tra te e questa persona, perché la prossima volta che la incontrerai tu la vedrai in base a queste tue idee, anche se nel frattempo questa persona ha subìto una evoluzione. Facci caso: non è stato forse così con quasi tutte le persone che conosci?

Terzo strato. Le tue abitudini. Sono un elemento essenziale del vivere umano: senza la base delle abitudini come sapremmo camminare, o parlare, o guidare un'auto? Ma le abitudini vanno riservate al lato meccanico della vita: non devono intervenire nell'ambito dell'amore e dell'intelletto. C'è forse qualcuno che desidera essere amato per abitudine?! Ti sei qualche volta seduto su una spiaggia ai bordi dell'acqua, e sei rimasto affascinato dalla solennità e dall'arcano dell'oceano. Anche il pescatore guarda giorno e notte l'oceano, ma non fa alcun caso alla sua grandiosità. Come si spiega? Con l'effetto opacizzante di quello strato di grasso chiamato assuefazione. Ti sei fatto modelli prestabiliti su tutte le cose che vedi, e quando le rivedi, tu non vedi più queste cose nella loro cangiante freschezza bensì quella tua idea fissa. Ed è così che ti comporti con la gente e con le cose, è questa la relazione che stabilisci con esse: nessuna freschezza, nessuna novità, ma sempre le stesse idee stanche, gli stessi sentieri percorsi e ripercorsi fino alla noia: ecco i frutti dell'assuefazione. Tu non sai più guardare in maniera diversa e più creativa perché, essendoti formato un abito mentale secondo il quale trattare il mondo e le persone, ti senti autorizzato a inserire nel tuo spirito il pilota automatico e a farti un pisolino.

Quarto strato. I tuoi legami e le tue paure. È lo strato più facilmente percepibile. Stendi una spessa coltre di attaccamento o di paura (e perciò di disamore) su ogni cosa o su ogni persona? In quel momento tu cessi di vedere quella persona o quella cosa quali realmente sono. Ripensa a qualcuna delle persone che non ti piacciono o che temi, e vedrai quanto è vera questa affermazione.

Ti rendi conto ora che ti trovi in una prigione creata dalle tue credenze, dalle tradizioni della tua società e della tua cultura e dai modelli, dai pregiudizi, dai legami e dalle paure che derivano dal tuo vissuto personale? Muri e muri circondano la cella di questa tua prigione, per cui sembra quasi impossibile che tu possa uscirne un giorno, per entrare in contatto con la ricchezza della vita e dell'amore e della libertà che stanno fuori della fortezza che ti imprigiona

Eppure l'impresa non solo non è impossibile ma addirittura è facile e piacevole. Che cosa puoi fare per venirne fuori?

Quattro cose puoi fare.

Primo, renditi conto che sei attorniato dalle mura di una prigione e che il tuo spirito si è appisolato. Non capita a molti di rendersi conto di questo, per cui vivono e muoiono da carcerati: si sono «conformati», si sono adattati alla vita di prigione. Alcuni diventano riformatori e allora lottano per migliorare il tenore di vita all'interno della prigione: una migliore illuminazione, una ventilazione più efficiente... È difficile che qualcuno diventi un ribelle, un rivoluzionario che arrivi a demolire le mura della prigione. Per diventare un rivoluzionario tu devi soltanto e anzitutto vedere le mura della prigione.

Secondo, osserva per ore e ore e attentamente le mura della tua prigione: i tuoi modelli, le tue abitudini, i tuoi legami e le tue paure: così, semplicemente, senza giudicare o condannare. Vedrai che cadranno in frantumi.

Terzo, dedica un po' di tempo a osservare le cose e le persone attorno a te. Guarda (ma guarda realmente! come se li vedessi per la prima volta)

64

la faccia di un amico, una foglia, un albero, un uccello in volo, il comportamento e i modi di fare della gente che ti circonda. Così li vedi realmente (o almeno è sperabile) nella freschezza che li caratterizza, senza l'opacità e le velature che gli vengono sovrapposte dalle tue idee e dalle tue abitudini mentali.

Quarto strato, il più decisivo. Mettiti comodo e osserva come funziona il tuo cervello: vi scoprirai un ininterrotto fluire di pensieri, di sensazioni e di reazioni. Guarda tutto questo fluire con gli sguardi «lunghi» con cui segui, per esempio, lo scorrere di un fiume o di un film. Ti accorgerai che questo sguardo su ciò che sta dentro di te ti prende molto più dello scorrere di un fiume o di una pellicola. E ti dà una sensazione molto più fresca di vita e di liberazione. In effetti, puoi essere definito un essere vivente se non sei consapevole neppure dei tuoi pensieri e delle tue reazioni? Una vita inconsapevole, è stato detto, non è degna di essere vissuta. Anzi, non si può neppure chiamare vita. Sarebbe un'esistenza meccanica, da robot; sonno, incoscienza, morte: e queste cose la gente chiama vita!

Osserva, perciò, scruta, discuti, esplora, e il tuo spirito rivivrà, si libererà del grasso e ritornerà acuto, e vivace, e attivo. La tua prigione crollerà, una pietra dopo l'altra, finché del tuo Tempio non resterà pietra su pietra, e su te scenderà la benedizione di una disinibita visione delle cose: le vedrai così come sono, avrai raggiunto una esperienza immediata e diretta della Realtà.

12

*«Quando tu fai l'elemosina,
non sappia la tua sinistra
ciò che fa la tua destra.»*

Mt 6,3

La carità ha qualcosa che la avvicina alla felicità e alla santità. Non puoi dichiarare di essere felice, perché nel momento in cui diventi cosciente della tua felicità, tu cessi di essere felice. Quella che tu definisci esperienza della felicità non è affatto felicità ma quell'ebbrezza, quel brivido suscitati da una persona, una cosa, un avvenimento. La vera felicità non è causata. Si è felici, punto e basta, senza motivi. Allo stesso modo, la felicità autentica non può diventare oggetto di esperimento, essa non rientra nel campo della consapevolezza: è in-consapevolezza, non-coscienza.

Lo stesso si può dire della santità. Nel momento in cui diventi consapevole della tua santità, essa inacidisce, si corrompe e diventa auto-canonizzazione. Una buona azione non è mai così buona come quando tu non hai coscienza della sua bontà, quando tu sei così innamorato dell'azione in sé che non hai coscienza della tua bontà e della tua virtù: la tua sinistra non sa che la tua destra sta compiendo un'opera buona o meritevole. Tu la fai,

67

semplicemente perché il farla ti sembra la cosa più naturale e spontanea di questo mondo.

Fermati un attimo e rifletti. Tutta la virtù che tu puoi vedere in te stesso non è affatto virtù ma qualcosa che tu hai astutamente coltivato e prodotto e fatto progredire in te stesso. Fosse vera virtù, tu ne avresti sì goduto completamente, ma ti sembrerebbe del tutto ovvio che non ti succeda neppure di pensare a essa come a una virtù. La prima qualità della santità è la non-consapevolezza di se stessa.

La seconda qualità è di non richiedere sforzo o violenza: lo sforzo può cambiare il tuo comportamento, non te stesso. Rifletti: lo sforzo ti fa portare il cibo alla bocca, non può produrre in te l'appetito; può trattenerti a letto, non può darti il sonno; può farti svelare un segreto a un'altra persona, non può produrre la verità; può importi di fare un complimento a qualcuno, non può produrre genuina ammirazione; può spingere a compiere atti di servizio ma è impotente nel produrre amore o santità.

Tutto ciò che puoi raggiungere con i tuoi sforzi è repressione, non autentico cambiamento e crescita. Il cambiamento è determinato soltanto da coscienza e conoscenza.

Prendi coscienza della tua infelicità, ed essa scomparirà: ne risulterà la felicità. Prendi coscienza del tuo orgoglio, ed esso cadrà: ne risulterà l'umiltà. Prendi coscienza delle tue paure, ed esse si dissolveranno: ne risulterà amore. Prendi coscienza dei tuoi legami, ed essi svaniranno: conseguenza ne sarà la libertà.

Amore, libertà e felicità non sono piante che puoi coltivare e riprodurre. Non puoi neppure conoscere che cosa siano realmente. L'unica cosa che puoi fare è analizzare i loro opposti e, attraverso questa analisi, determinarne il dissolvimento.

Terza connotazione della santità è che non può essere desiderata. Desideri la felicità? Immediatamente diventi ansioso finché non l'hai raggiunta, e ti troverai costantemente in uno stato di insoddisfazione. E sono proprio l'insoddisfazione e l'ansia a uccidere quella felicità che ti è stata promessa. Quando desideri la santità a tuo beneficio tu finisci con l'alimentare proprio quella avidità e quell'ambizione che ti rendono egoista e vacuo, cioè tutt'altro che santo.

Ecco una cosa che devi capire bene: ci sono due modi per cambiarti dall'interno. Il primo è l'abilità del tuo *io* a spingerti a diventare qualcosa di diverso da quello che sei destinato a essere, così che questo tuo *io* possa acquistare baldanza e averne maggior gloria. Il secondo modo per cambiarti è seguire la saggezza della Natura: grazie a questa saggezza tu diventi cosciente, tu capisci. Questo è tutto ciò che devi fare tu, lasciando poi alla Realtà e alla Natura di scegliere il tipo di cambiamento, la maniera, la velocità e i tempi.

Il tuo *io* è un tecnico competente, ma non può essere creativo. Si appropria di metodi e tecniche, e produce quei cosiddetti santi che vedi inflessibili, logici, meccanici, senza vita, intolleranti con gli altri quanto lo sono con se stessi: gente violenta, l'esatto contrario della santità e dell'amore.

Sono quegli «spirituali» che, consci della propria spiritualità, hanno creduto opera santa crocifiggere il Messia. La Natura non è un tecnico: la Natura è creativa.

Sarai un creatore, e non uno scaltro tecnico, quando avrai fatto in te questa specie di pulizia: nessuna avidità, nessuna ambizione, nessuna angoscia, nessun senso di competizione, di traguardo, di arrivo, di successo.

Ciò che si richiede è una appassionata, acuta, vivace e vigilante coscienza della nostra stoltezza e del nostro egoismo, di tutti i nostri attaccamenti e di tutte le nostre angosce. I cambiamenti che ne conseguono non saranno il risultato dei tuoi piani e dei tuoi sforzi, ma il prodotto di una Natura che sconvolgerà i tuoi piani e i tuoi desideri, per cui non te ne resterà alcuna sensazione di merito o di successo: la tua mano sinistra non avrà coscienza di quello che la Realtà sta realizzando con la tua mano destra.

13

*«Siate prudenti come i serpenti e semplici
come le colombe.»*

Mt 10,16

Osserva la sapienza che vedi in atto nelle colombe, nei fiori, negli alberi, in tutta la natura. È quella stessa saggezza che è attiva in noi per fare cose cui il nostro cervello non saprebbe mai arrivare: fa circolare il nostro sangue, fa digerire il nostro cibo, aziona la pompa del nostro cuore, dilata i nostri polmoni e cicatrizza le nostre ferite, mentre il nostro spirito cosciente s'impegna in altre mansioni. È quella sapienza naturale che solo oggi stiamo iniziando a scoprire presso i popoli cosiddetti primitivi, presso i quali si è conservata la semplicità e la saggezza della colomba.

Noi che ci consideriamo più progrediti abbiamo sviluppato un diverso genere di saggezza, e cioè l'astuzia del cervello, perché noi abbiamo scoperto di poter migliorare la natura e procurarci sicurezza, protezione e longevità, velocità e comodità sconosciute ai popoli primitivi. Tutto questo, grazie a un cervello pienamente «sviluppato»
La sfida che ci viene proposta è di ritrovare la

semplicità e la saggezza della colomba senza perdere l'astuzia del serpente.

Come arrivarci? Attraverso un'importante presa di coscienza: arrivare a capire che ogni volta che tentiamo di sopraffare la natura contrastandola, noi danneggiamo noi stessi, perché la Natura altro non è che il nostro stesso essere. È come se la tua destra combattesse la tua sinistra, o come se il tuo piede destro calpestasse il sinistro. Sono due mosse perdenti, e tu, invece di essere creativo e vivo, vieni bloccato in un conflitto. Getta uno sguardo intorno: è questa la condizione di molti individui: morti, non-creativi, bloccati, perché si sono messi in conflitto con la natura, tutti tesi a dimostrare a se stessi che possono fare il contrario di ciò che la loro natura richiede. In un conflitto tra la natura e il tuo cervello, tieni per la natura, perché se la combatti, potrebbe anche arrivare a distruggerti. Il segreto sta perciò nel migliorare la Natura in armonia con la Natura.

Come raggiungere questa armonia?

Primo: pensa a qualche cambiamento che vuoi apportare nella tua vita o nel tuo carattere. Forse stai tentando di imporre questo cambiamento alla tua natura attraverso lo sforzo e il desiderio di diventare ciò che il tuo io ha programmato. Questo è il serpente che lotta contro la colomba.

O forse, invece, ti limiti a studiare, a osservare, a capire, cercando di renderti cosciente della tua situazione attuale con i suoi problemi, ma senza spingere, senza forzare le cose come chiederebbe invece il tuo io, lasciando che sia la Realtà a operare i cambiamenti, in accordo non con i tuoi piani ma con quelli della Natura. In questo caso tu hai un perfetto accordo tra serpente e colomba.

Esamina perciò questo tuo assillo, questi cambiamenti che vorresti apportare, e vedi come ti stai comportando. Scoprirai che in vista di questi cambiamenti in te stesso o negli altri tu hai imboccato la strada delle punizioni e dei premi, della disciplina e del controllo, delle prediche e della colpevolizzazione, dell'avidità e dell'orgoglio, dell'ambizione e della vanità, ignorando che esiste anche una strada di accettazione paziente, di consapevolezza diligente, vigile e comprensiva.

Secondo: pensa al tuo corpo e paragonalo al corpo di un animale che si trovi nel suo *habitat* naturale. L'animale non è mai sovreccitato, non è mai in tensione se non quando si prepara alla lotta o al volo; non mangia mai né beve ciò che gli può procurare danno; si concede tutto il riposo o l'attività di cui ha bisogno; ha la giusta misura di contatto con gli elementi: vento, sole, pioggia, caldo, freddo. Questo perché l'animale dà retta al proprio corpo e si lascia guidare dalla sua saggezza.

Paragona tutto ciò con la tua stupida astuzia. Se il tuo corpo potesse parlare, che cosa ti direbbe? Ti farebbe notare la tua avidità, l'ambizione, la vanità, il desiderio di apparire e di piacere agli altri, tutte deviazioni che mettono a tacere la voce del tuo corpo, mentre invece insegui gli obiettivi inalberati dal tuo io. Ecco, hai veramente perso la semplicità della colomba.

Terzo: chiediti quanto contatto hai con la Natura: con gli alberi, la terra, l'erba, il cielo, il vento, la pioggia, il sole, i fiori, gli uccelli e gli animali. Quanto tempo passi davanti alla Natura? In che misura sei in comunione con essa, quanto la osservi, quanto la contempli in stupore, quanto ti identifichi con essa? Se il tuo corpo sta troppo a lungo separato dagli elementi, appassisce, diventa flaccido e fragile, perché è stato staccato dalla sua forza vitale. Quando stai troppo a lungo separato dalla Natura, il tuo spirito avvizzisce e muore, perché è stato strappato alle sue radici.

14

Paragona il puro e sereno splendore di una rosa in boccio con le tensioni e l'inquietudine della tua esistenza. La rosa ha una qualità che a te manca: è perfettamente soddisfatta di se stessa. Non è stata, come te, programmata fin dalla nascita per essere scontenta di se stessa. Non è guastata dalla minima frenesia di essere qualcosa di diverso da quello che è, e perciò gode di quella grazia ingenua e di quella assenza di conflitti interiori che tra gli umani si possono trovare ormai soltanto fra i mistici e fra i bambini.

Rifletti sulla tristezza della tua condizione: sempre insoddisfatto di te stesso, sempre bramoso di cambiarti, sempre intriso perciò di una violenza e di una intolleranza verso te stesso che crescono a ogni tentativo che fai per cambiarti. Qualsiasi cambiamento tu riesca a ottenere è perciò sempre accompagnato da un conflitto interiore: così come soffri quando vedi gli altri raggiungere ciò che tu non hai raggiunto e diventare quello che tu non sei.

Saresti così tormentato dalla gelosia e dall'invidia se, come la rosa, tu fossi soddisfatto di ciò che sei e non smaniassi di essere ciò che non sei? Ma tu tendi sempre (non è forse vero?) a paragonarti a qualcun altro che ha più conoscenze, ha una migliore presenza fisica, gode di più vasta popolarità o ha più successo di te. Tu desideri diventare più virtuoso, più caritatevole, più riflessivo; tu desideri incontrare Dio, desideri avvicinarti di più a quelli che sono i tuoi ideali.

Ripensa alla triste storia dei tuoi sforzi per migliorarti: sono finiti tutti in un disastro, oppure ti hanno procurato soltanto un successo parziale, che hai pagato con lotte e tribolazioni.

Adesso immagina di porre termine a tutti questi tuoi sforzi per rinnovarti e a tutta questa insoddisfazione verso te stesso: questo ti condannerebbe forse a metterti in letargo, accettando passivamente tutto ciò che sta dentro di te e attorno a te?

Esiste una via di mezzo tra l'estenuante autostimolazione da un lato e una stagnante accettazione dall'altro: ed è la via dell'autoconoscenza. È una strada tutt'altro che facile, perché il capire che cosa sei esige che tu abbia radicalmente distrutto in te ogni desiderio di trasformare te stesso in qualche cosa di diverso.

Te ne renderai conto con chiarezza se paragonerai l'atteggiamento di uno scienziato che studia i comportamenti delle formiche senza il minimo desiderio di modificarli, con l'atteggiamento di un allenatore di cani che studia il comportamento di un cane allo scopo di fargli apprendere un determinato esercizio. Se tu stai cercando non di cambiare te stesso ma di esaminarti, di studiare quali sono le tue reazioni di fronte a determinate persone e cose, senza giudicare, o condannare, o desiderare di cambiarti, allora questa tua investigazione non sarà selettiva ma conglobante; non si fisserà in rigide conclusioni, ma piuttosto sarà sempre, di volta in volta, aperta e attuale.

A questo punto noterai in te un fatto meraviglioso. Ti sentirai inondato dalla luce della conoscenza, e diventerai trasparente e trasfigurato.

È a questo punto che si verifica il cambiamento? Esattamente: dentro di te e attorno a te.

Ma questo cambiamento non è opera del tuo astuto e instancabile *io*, sempre indaffarato a lottare, a confrontare, a forzare, a sermoneggiare e a manomettere, con la sua intolleranza e le sue ambizioni, creando così tensioni e conflitti e resistenze tra te e la natura, il che è scoraggiante ed estenuante come guidare con il freno a mano tirato. No: la trasfigurante luce della conoscenza accantona il tuo *io* intrigante e narcisistico per dare alla Natura briglie sciolte nel realizzare lo stesso tipo di cambiamento che essa produce nella rosa: un cambiamento non artificioso, bensì aggraziato, inconscio, sano, inattaccabile da qualsiasi conflitto interno.

Dato che ogni cambiamento è una violenza, anche la Natura sarà violenta. Ma la meravigliosa caratteristica di questa violenza della Natura, diversamente dalla violenza dell'*io*, è che essa non nasce da intolleranza e da odio contro se stessi. Non c'è mai rabbia nell'uragano che trascina con sé ogni cosa al suo passaggio, come non c'è violenza nel pesce che divora i propri nati, obbedendo a leggi ecologiche a noi sconosciute, come non c'è violenza nelle cellule del nostro corpo quando si distruggono a vicenda in vista di un bene superiore. Quando la Natura distrugge, essa non agisce per ambizione, o per cupidigia, o per un piacere personale, ma in obbedienza a leggi misteriose che cercano il bene dell'insieme, al di sopra della sopravvivenza e del benessere delle singole parti.

È questo tipo di violenza che insorge nei mistici quando si ergono contro i modelli e le strutture radicate nella loro società o nella loro cultura, quando diventano improvvisamente coscienti di mali che i loro contemporanei non vedono neppure. È quella violenza che fa sbocciare la rosa nonostante vi siano delle forze che si oppongono alla sua fioritura. E a questa stessa violenza mollemente soccomberà la rosa – come anche il mistico – dopo aver aperto i suoi petali al sole e dopo aver concluso la propria esistenza in una fragile e fragrante bellezza, per nulla preoccupata di aggiungere un solo minuto alla breve esistenza fissatale dal destino. E così trascorre la sua vita in benedizione e bellezza, come d'altra parte fanno gli uccelli del cielo e gli altri fiori dei campi: nessuna traccia di quella instancabilità e insoddisfazione, di quelle gelosie e di quelle ansie e di quelle lotte che caratterizzano il mondo degli umani, i quali sempre cercano di controllare e di forzare, piuttosto che essere paghi di fiorire fino alla conoscenza, lasciando ogni preoccupazione alla onnipotenza che Dio dispiega nella Natura.

15

«Essi gli dissero:
"Maestro, sappiamo che parli e insegni
con rettitudine e non guardi in faccia
a nessuno".»

Lc 20,21

Osserva la tua esistenza e nota come l'hai saturata di gente. Il risultato qual è? La gente arriva a stringerti in un abbraccio mortale. Con la sua approvazione e il suo biasimo, infatti, essa controlla il tuo comportamento; la gente ha il potere di colmare la tua solitudine con la sua presenza; può innalzare il tuo spirito al terzo cielo con le sue lodi, così come ha il potere di ridurti a uno straccio con le sue critiche e i suoi rifiuti.

Guardati: quasi ogni minuto cosciente della tua giornata tu lo spendi a cercar di placare o di accontentare gli altri, vivi o morti che siano. Vivi secondo le loro norme, ti adatti al loro stile di vita, cerchi la loro compagnia, desideri il loro amore, hai terrore del loro biasimo, elemosini il loro plauso, ti sottometti docilmente ai sensi di colpa che essi ti gettano addosso. Hai terrore di essere fuori moda perfino nel tuo modo di vestire, di parlare, di gestire e addirittura nel tuo modo di pensare.

Nota anche un altro fatto: tu dipendi dagli altri

e ne sei schiavo anche quando sei incaricato di controllarli. La gente è diventata talmente connaturata alla tua esistenza che tu trovi difficile immaginarti non influenzato o controllato dagli altri. In realtà essi sono riusciti a convincerti che se ti liberi di loro tu diventi un'isola: solitario, scialbo, senza amore.

È vero invece tutto l'opposto. Come puoi infatti amare uno di cui sei schiavo? Come puoi amare una persona della quale non riesci a fare a meno? Ti è possibile solo desiderare, aver bisogno, temere ed essere controllato. L'amore, invece, si può trovare unicamente nell'assenza di paura e nella libertà.

Come raggiungere questa libertà? Attraverso una duplice offensiva contro le tue dipendenze e le tue schiavitù.

È necessaria anzitutto la consapevolezza. È pressoché impossibile essere dipendenti, schiavi, se ci si rende conto della follia della propria dipendenza. Ma la consapevolezza potrebbe non essere sufficiente per una persona che dipende dalla gente. Tu allora devi coltivare una qualche attività che ti piaccia realmente; devi riscoprire nel lavoro che fai non il lato utilitaristico, ma ciò che esso ha di bello in se stesso. Pensa a un'attività che ti piaccia svolgere proprio per se stessa, sia che ti riesca bene sia che non ti riesca; che tu ne riceva lode o biasimo; che tu ne ricavi amore e premio oppure nulla; che la gente ne venga a conoscenza e te ne sia riconoscente oppure no.

Quante attività riusciresti a contare nella tua

vita cui ti dedichi semplicemente perché ti piacciono e catturano il tuo animo? Riscoprile, coltivale, perché sono esse il tuo passaporto per la libertà e l'amore.

Anche in questo campo hai subìto probabilmente un lavaggio del cervello che ti conduce a pensare in una maniera del tutto consumistica, in base alla quale gustare una poesia o bearsi di un panorama o godere di un brano musicale appare come una perdita di tempo, perché dovresti essere tu a produrre quella poesia o quella composizione musicale o quell'opera d'arte. Ma secondo questa mentalità, anche il produrre queste cose ha in sé poco significato: importante infatti è che il tuo valore venga riconosciuto. Come può essere buona una cosa se non viene riconosciuta? E neppure è sufficiente che essa venga conosciuta: deve essere anche applaudita e lodata dalla gente, altrimenti non vale nulla. Il tuo lavoro acquista il suo massimo valore solo se diventa popolare e si vende bene sul mercato! Ed eccoti nuovamente tra le braccia e sotto il controllo degli altri. Il valore di un'azione, secondo gli altri, non sta nel fatto di essere amata e goduta per se stessa, ma nel fatto che riscuota successo.

La via regia al misticismo e alla realizzazione non passa in mezzo alla gente: passa attraverso azioni in cui ci s'impegna per se stesse, senza badare al successo o al tornaconto, senza badare a quelle che sono le «azioni redditizie». Contrariamente a quella che è l'opinione comune, la cura contro la solitudine non sta nel trovarsi compagnia ma nel contatto con il reale: nel momento in cui tu entri in contatto con il reale, tu arrivi a conoscere che cos'è la libertà e che cos'è l'amore. Staccati dagli altri, e conquisterai così la capacità di amarli.

Non devi pensare che per far sgorgare l'amore dal tuo cuore tu debba anzitutto incontrare la gente. Ciò non sarebbe amore ma semplicemente attrazione o compassione. È l'amore invece a nascere per primo nel cuore attraverso il tuo contatto con il reale. Non tanto l'amore per una cosa o per una persona particolare ma l'amore in se stesso: un atteggiamento, una predisposizione ad amare. Sarà poi questo amore a irradiarsi verso il mondo esterno delle cose e delle persone.

Se desideri che l'amore si faccia presente nella tua vita, devi spezzare le strettoie della tua dipendenza interiore dagli altri, e il mezzo per riuscirci è uno solo: rendertene conto e dedicarti ad attività che tu ami compiere semplicemente per se stesse.

16

Tu puoi trovare qualcuno che ti dia nozioni di
meccanica, o di scienze, o di matematica, o di al-
gebra, o di una lingua straniera, o che ti insegni a
correre in bicicletta o a operare su un computer.
Ma nelle cose che realmente contano – la vita,
l'amore, la realtà, Dio – nessuno può insegnarti
alcunché. Tutto ciò che i maestri ti possono dare
sono delle formule, ma nel momento stesso in cui
accetti una formula tu cominci a vedere il reale
attraverso il filtro costruito dalla mente di qualcun altro. Se accetti le formule, ne resti imprigio-
nato: ti sentirai inaridire, e quando arriverà la
morte, non sarai arrivato a sperimentare che cosa
significhi conoscere le cose da solo, che cosa significhi imparare.

Vediamo il tutto sotto un altro aspetto. Sicuramente ci sono stati nella tua vita dei momenti nei
quali hai fatto un'esperienza che sei convinto di
dover portare dentro di te fino alla tomba, perché
ti senti del tutto incapace di esprimere a parole
l'esperienza che hai fatto.

In realtà, non esistono parole per comunicare con precisione ciò che hai provato. Pensa al tipo di sensazioni da cui ti sei sentito invadere quando hai visto un uccello librarsi sopra le acque di un lago, o quando hai visto un filo d'erba spuntare dalla crepa di un muro, o quando hai sentito l'urlo di un bambino lacerare il silenzio della notte, o quando hai toccato l'incanto di un corpo nudo, o quando sei stato ipnotizzato dalla vista di un cadavere freddo e rigido nella sua bara.

Potresti tentare di comunicare la tua esperienza con la musica, o con la poesia, o con la pittura. Ma dentro di te tu sai che nessuno potrà capire esattamente cos'è che hai visto o provato. È una cosa che sei del tutto incapace di esprimere a parole a un altro essere umano; tanto meno saresti in grado di insegnarlo.

Questo è esattamente quello che prova un maestro, quando gli chiedi di insegnarti qualcosa sulla vita, o su Dio, o sulla realtà delle cose. Tutto ciò che può fare è trasmetterti una formula, una sequenza di parole legate assieme a farsi formula. Ma di quale utilità possono essere queste parole?

Immagina di nuovo una comitiva di turisti che viaggiano su un pullman con le tendine abbassate: non vedono, non sentono, non toccano, non sentono alcun profumo dell'insolito paesaggio che stanno attraversando. Intanto la loro brava guida passa il tempo a chiacchierare, fornendo loro quella che a suo parere è una vivace descrizione degli odori, dei suoni e delle cose che si possono vedere nel mondo che sta fuori dal pullman. Le uniche cose che essi sperimentano sono le immagini che le parole della guida creano nella loro fantasia. Immaginiamo che il pullman faccia una fermata e che la guida lasci scendere a terra i suoi turisti, tutti ben forniti di formule su ciò che essi possono aspettarsi di vedere e di sperimentare. La loro esperienza non risulterà forse contaminata, condizionata, distorta dalle formule che la guida ha loro propinato? Essi percepiranno non la realtà delle cose in se stesse ma la realtà filtrata attraverso le formule trasmesse loro dalla guida.

Guarderanno la realtà con occhio parziale, oppure vi proietteranno le formule che hanno in testa: percepiranno sì la realtà ma vi troveranno soltanto la conferma delle loro formule mentali.

C'è modo di scoprire se ciò con cui entri in contatto è la realtà oppure no? Ecco un *test*, se ciò che percepisci non riesci a farlo rientrare in alcuna formula fornita dagli altri oppure elaborata da te stesso: semplicemente, se è un qualcosa che tu non riesci a esprimere con le parole. Che cosa possono fare perciò i maestri? Possono portare a tua conoscenza qualcosa che non è reale: non possono mostrarti la realtà; possono distruggere le tue formule, non possono farti vedere ciò che le formule evidenziano; possono mostrarti che ti sbagli, non possono indicarti la verità; possono al massimo mostrarti la via che conduce alla realtà, non possono mostrarti che cosa puoi vedere. La tua strada devi percorrerla da solo, in una scoperta solitaria.

Andare avanti da solo. Ecco che cosa significa liberarsi di tutte le formule: quelle che ti derivano dagli altri, quelle che hai imparato dai libri, quelle che tu stesso ti sei elaborato partendo dalle tue esperienze passate. La cosa più terribile che un essere umano può compiere è quella di inoltrarsi nel mondo dell'ignoto senza la protezione di una formula qualsiasi.

Camminare fuori dal mondo degli esseri umani come hanno fatto i mistici e i profeti significa rinunciare non alla loro compagnia ma alle loro formule. In questi casi, realmente, anche quando fossi attorniato dalla gente, tu sei veramente, totalmente solo.

Quale terribile solitudine! Questa solitudine è il silenzio: solo in questo silenzio tu «vedrai». E nel momento in cui vedrai, per te diventeranno inutili e libri e guide e guru.

Che cosa vedrai? Qualsiasi cosa, tutte le cose: una foglia che cade, il comportamento di un amico, i brividi sullo specchio di un lago, un cumulo di pietre, un edificio in rovina, una strada affollata, un cielo di stelle, qualsiasi cosa. Dopo che avrai visto, qualcuno forse si offrirà di aiutarti a esprimere in parole ciò che hai visto, ma tu scuoterai la testa: «Non è così», perché si tratterebbe sempre e solo di una formula. Qualcun altro potrebbe tentare di spiegarti il significato di quello che hai visto, ma tu scuoterai di nuovo il capo, perché il significato è una formula, qualcosa che può essere incapsulato in concetti e ha un senso compiuto per ogni spirito pensante, mentre ciò che tu hai visto è al di là di qualsiasi formula, di qualsivoglia significato.

E allora in te si verificherà uno strano cambiamento, a malapena percepibile in un primo momento, ma che trascinerà con sé una trasformazione radicale: perciò dopo aver «visto» non sarai mai più lo stesso di prima. Tu sperimenterai l'esaltante libertà, la straordinaria confidenza che deriva dal sapere che ogni formula, per quanto si voglia sacra, non ha alcun valore; e tu non chiamerai mai più nessuno con il titolo di maestro.

E allora non smetti mai di imparare, man mano che giorno per giorno osservi e afferri il procedere e il movimento globale della vita. Allora ogni singola cosa sarà per te maestro.

Accantona perciò libri e formule, abbi il coraggio di abbandonare il tuo maestro, chiunque egli sia, e guarda le cose da solo. Abbi il coraggio di guardare ogni cosa attorno a te senza paure e senza formule, e non passerà molto tempo che tu «vedrai».

17

«In verità vi dico:
se non vi convertirete
e non diventerete come i bambini,
non entrerete nel regno dei cieli.»

Mt 18,3

La prima cosa che si coglie negli occhi di un bambino è la sua innocenza, la sua dolce incapacità a mentire o a mettersi una maschera o a pretendere di essere qualcosa di diverso da quello che è. In questo il bambino è esattamente come tutto il resto della natura: il cane è un cane, la rosa è una rosa, la stella è una stella, ogni cosa è semplicemente quello che è. Soltanto l'essere umano adulto è in grado di essere una cosa e nello stesso tempo pretendere di esserne un'altra. Quando un adulto castiga un bambino perché ha detto la verità o perché ha manifestato quello che pensa e sente, il bambino impara a fingere e la sua innocenza viene distrutta. A quel punto diventa un numero nella folla innumerevole di quelli che dicono, scoraggiati: «Io non so più chi sono», perché avendo nascosto così a lungo la verità che li riguarda, essi finiscono col nasconderla anche a se stessi.

Quanto dell'innocenza dell'infanzia conservi ancora in te stesso? C'è ancora una persona alla cui presenza tu puoi essere semplicemente e totalmente te stesso, aperto, nudo e innocente come un bambino?

Un'altra maniera, più subdola, di distruggere l'innocenza dell'infanzia è quando il bambino viene avvelenato con il desiderio di diventare qualcuno. Rifletti a quanti individui si sforzano in tutti i modi di diventare non quali la Natura prevedeva che fossero (musicisti, cuochi, meccanici, falegnami, giardinieri, inventori) ma di diventare «qualcuno»: uomini di successo, famosi, potenti; diventare qualcosa che arrechi non una tranquilla autorealizzazione ma un'autoglorificazione, un autosviluppo. Stiamo parlando di individui che hanno smarrito la loro innocenza, perché hanno preferito non già essere se stessi ma innalzare se stessi e mettersi in mostra anche soltanto ai propri occhi. Guarda alla tua vita di ogni giorno. Vi puoi trovare anche solo un pensiero, una parola o un'azione che non siano guastati dal desiderio di diventare «qualcuno», anche se ciò che tu cerchi è un successo nel campo dello spirito o una santità sconosciuta a tutti eccetto che a te stesso?

Il bambino innocente, come l'animale, lascia via libera alla propria natura per essere e diventare semplicemente quello che è. Anche gli adulti che hanno saputo preservare la propria innocenza si arrendono come bambini agli impulsi della natura o del destino senza darsi pensiero di diventare «qualcuno» o di far colpo sugli altri. Ma a differenza dei bambini, essi si basano non sull'istinto ma su una incessante attenzione a tutto ciò che sta attorno e dentro di loro: questa attenzione li protegge dal male e favorisce la crescita che per essi aveva previsto la Natura, non quella cui li spingerebbe il loro *io* ambizioso.

Un'altra maniera con cui gli adulti corrompono l'innocenza dei bambini consiste nell'insegnare loro a imitare qualcuno. Nel momento in cui trasformi un bambino nella fotocopia di un altro individuo, tu calpesti e spegni la scintilla di originalità con cui è venuto al mondo. Nel momento in cui tu decidi di diventare come qualcun altro, per quanto grande o santo sia quest'altro, tu prostituisci il tuo essere.

Pensa con rammarico alla divina scintilla di unicità che giace dentro di te, sepolta sotto coltri di paura: paura di diventare ridicolo o di venire rifiutato se hai il coraggio di essere te stesso e se ti rifiuti di adattarti meccanicamente agli altri nella maniera di vestire, di agire e di pensare. Vedi quanto ti adatti, non solo nelle tue azioni e nei tuoi pensieri, ma anche nelle tue reazioni, nelle tue emozioni, nei tuoi atteggiamenti, nelle tue valutazioni. Tu non hai il coraggio di troncare questa prostituzione per reclamare la tua innocenza originaria. Questo è il prezzo che tu sei costretto a pagare per il passaporto che ti fa accettare dalla tua società o dalla tua associazione. E così entri nel mondo dei curvi e dei controllati, esuli del regno che è appannaggio dell'innocenza dei bambini.

Un'altra subdola maniera di distruggere la tua innocenza sta nel paragonarti e nel competere con gli altri: così facendo sostituisci alla tua semplicità l'ambizione e il desiderio di essere buono come qualcun altro o addirittura migliore.

Rifletti: la ragione per cui il bambino è in grado di preservare la propria innocenza e vive, come il resto della creazione, nella beatitudine del regno, sta nel fatto che egli non è stato succhiato in quello che noi chiamiamo il mondo: quella regione di tenebra abitata dagli adulti che spendono la propria vita non nel vivere ma nel corteggiare l'applauso e l'ammirazione; non nell'essere beatamente se stessi ma nel paragonarsi nevroticamente e nel competere con gli altri, cercando quelle vuote cose chiamate successo e fama, anche se queste possono essere conseguite soltanto sconfiggendo, umiliando, distruggendo i propri vicini. Se ti permetti di provare realmente le pene di questo inferno sulla terra, il vuoto assoluto che esso porta, potrai sentire dentro di te una rivolta, un disgusto così forte da farti spezzare le catene della dipendenza e dell'inganno che sono state forgiate attorno alla tua anima, e tu irromperai libero nel regno dell'innocenza, ove dimorano i mistici e i bambini.

18

«Questo è il mio comandamento:
che vi amiate gli uni gli altri,
come io vi ho amati.»

Gv 15,12

Che cos'è l'amore? Guarda una rosa. Può questo fiore dire: «Io offro la mia fragranza ai buoni e non la concedo ai malvagi»? O puoi immaginare una lampada che rifiuti di concedere i propri raggi a una persona cattiva che cerchi di camminare nella sua luce? Potrebbe fare ciò soltanto rinunciando a essere una lampada. Osserva poi come un albero regala la propria ombra indifesa a tutti senza distinzione, buoni e cattivi, giovani e vecchi, alti e bassi, agli animali e agli esseri umani e a ogni creatura vivente: anche a quelli che gli si avvicinano con l'intenzione di abbatterlo.

Questo è perciò il primo connotato dell'amore: la sua imparzialità. Siamo infatti esortati a farci simili a Dio, «che fa sorgere il suo sole sopra i malvagi e sopra i buoni e fa piovere sopra i giusti e sopra gli ingiusti... Siate dunque perfetti come è perfetto il Padre vostro celeste» (Mt 5,45 e 48).

Contempla in ammirazione la pura bontà della rosa, della lampada, dell'albero, perché vi puoi trovare una raffigurazione di ciò che è l'amore.

Come si arriva a questa qualità di amore? Qualsiasi sforzo tu farai non avrà altro risultato che di renderlo forzato, artificioso, e perciò falso, perché l'amore non può essere comandato. Non puoi farci niente. Ma ciò nonostante c'è qualcosa che puoi tentare.

Osserva quale meraviglioso cambiamento si verifica in te nel momento in cui cessi di considerare la gente con l'etichetta di buoni o cattivi, santi o peccatori, e cominci a guardarla quasi fossi incosciente o ignorante.

Devi deporre la tua falsa opinione che la gente possa peccare coscientemente: nessuno può peccare in piena coscienza. Il peccato nasce non nella malizia, come noi erroneamente pensiamo, ma nell'ignoranza. «Padre, perdona loro, perché non sanno quello che fanno» (Lc 23,34). Bisogna arrivare qui e raggiungere l'indiscriminante qualità che tanto ammiriamo nella rosa, nella lampada e nell'albero.

C'è poi un'altra qualità dell'amore: la sua gratuità. Come l'albero, la rosa, la lampada, l'amore dona senza nulla chiedere in contraccambio. Vedi quanto è disprezzato un individuo che scelga la moglie non in base alle qualità che può avere ma in base alla dote che gli potrà portare. Un uomo così, diciamo giustamente noi, non ama quella donna ma la fortuna finanziaria che gli porta. Ma è forse diverso il tuo amore quando cerchi la compagnia di quella persona che ti procura un'emozione gratificante, mentre eviti quelle persone che non ti gratificano?, quando sei ben disposto verso quelli che ti danno ciò che tu desideri e vivono secondo le tue aspettative, mentre ti mostri indifferente o addirittura ostile verso gli altri?

Anche qui, c'è una sola cosa che tu devi fare per acquisire questa gratuità che caratterizza l'amore: aprire i tuoi occhi e *vedere*. Il vedere, l'affrontare il tuo cosiddetto amore per quello che realmente è (cioè una maschera di egoismo e di cupidigia) sarà il primo passo per acquisire questa seconda caratteristica dell'amore.

La terza qualità dell'amore è di non aver coscienza di se stesso. L'amore è talmente soddisfatto di amare da diventare cieco su se stesso; la lampada è così occupata a brillare che non pensa più se sta beneficando gli altri oppure no; la rosa diffonde il suo profumo proprio perché non può fare nient'altro, che ci sia o non ci sia chi sente la sua fragranza, nella stessa maniera in cui l'albero offre la sua ombra. La luce, il profumo e l'ombra non vengono prodotti soltanto in presenza delle persone e tolti via quando le persone non ci sono. Queste cose (come l'amore semplicemente *esiste*, non ha alcun oggetto) esistono indipendentemente dalle persone: semplicemente *esistono*, che qualcuno tragga o meno beneficio dalla loro esistenza. Perché non hanno coscienza di avere dei meriti o di fare qualcosa di buono. La loro sinistra non sa che cosa fa la destra. «Signore, quando ti abbiamo visto affamato o assetato e ti abbiamo aiutato?» (Mt 25,44).

L'ultima qualità dell'amore è la libertà. Dove arriva la coercizione o il controllo o il conflitto, ivi muore l'amore. Pensa a come la rosa, l'albero, la lampada ti lasciano completamente libero. L'albero non farà nulla per trarti alla sua ombra se stai per prendere una insolazione; la lampada non ti butterà addosso la sua luce per evitarti di inciampare nel buio.

Rifletti sulla coercizione e sul controllo da parte degli altri cui ti sottometti quando ti comporti nella maniera che essi si aspettano da te, e questo perché vuoi acquistare da loro amore e approvazione o perché hai paura di perderli. Ogni volta che tu ti sottometti a questo controllo e a questa costrizione, tu distruggi la capacità di amare, che è la tua vera natura, perché tu non puoi fare agli altri se non quello che permetti agli altri di fare a te.

Contempla allora quanto controllo e quanta coercizione dominano la tua vita, e presumibilmente questa contemplazione sarà sufficiente a porvi fine. E quando te ne sarai liberato, nascerà la libertà. E libertà è appunto un altro nome dell'amore.

19

*«Nessuno che ha messo mano all'aratro
e poi si volge indietro, è adatto
per il regno di Dio.»*

Lc 9,62

Il regno di Dio è amore. Che cosa significa amare? Significa essere sensibili, ricettivi alla vita, alle cose, alle persone, stare in sintonia con ogni cosa e ogni persona, senza escludere niente e nessuno. L'esclusione è sempre segno che ti sei indurito, che hai chiuso le tue porte. Quando si verifica questo indurimento, la sensibilità muore.

Non ti sarà difficile scoprire esempi di questa insensibilità nella tua vita.

Ti sei mai fermato a togliere una pietra o un chiodo dalla strada per evitare che qualcuno si faccia male? Non ha importanza se non scoprirai mai la persona che trarrà beneficio da questa tua azione e non ne riceverai né premio né riconoscimento. Tu semplicemente l'hai fatto per un senso di amorevolezza e di gentilezza.

Oppure ti sei sentito sconvolto dal dramma della povertà che si sta svolgendo in una remota parte del mondo, o per la distruzione di una foresta che tu non hai mai visto e da cui non avrai mai un beneficio diretto?

Ti sei preso la briga di aiutare uno straniero a trovare una strada giusta, pur sapendo che quella persona non l'avresti mai più incontrata, ma puramente per un moto di bontà che hai sentito dentro di te?

In questi e in tanti altri momenti l'amore è venuto in superficie nella tua vita, segnalando che era presente dentro di te in attesa di venire alla luce.

Come puoi arrivare a possedere questo tipo di amore? Non puoi arrivarci, perché esso già è dentro di te. Tutto ciò che ti resta da fare è di rimuovere le ostruzioni che tu hai posto alla tua ricettività, ed esso verrà alla superficie.

Due sono queste ostruzioni alla sensibilità: preconcetti e legami.

Preconcetti: appena ti fai un'idea su una persona o su una cosa o su una situazione, tu ne trai una conclusione. Allora ormai ti sei bloccato e hai annullato la tua ricettività: sei preda di un pregiudizio, ed è con questi occhi che tu da ora in avanti vedrai quella persona. In altre parole, non vedi più quella persona.

Ma allora come puoi essere sensibile verso una persona che neppure vedi? Prendi uno o due dei tuoi conoscenti e vedi a quale conclusione negativa o positiva sei pervenuto a loro riguardo, conclusione che tu hai in mente quando ti metti di fronte a loro. Nel momento in cui dici: «Il Tal dei Tali è saggio», o crudele, o mite, o amante, o qualsiasi altra cosa, tu hai indurito la tua percezione, sei diventato preda di un pregiudizio e cessi di vedere quella persona nel suo momento attuale: sei come un pilota che si regola oggi sul bollettino meteorologico della settimana scorsa.

Getta uno sguardo severo su queste tue opinioni preconcette, perché per farle cadere sarà sufficiente riconoscere che esse sono soltanto opinioni, conclusioni, pregiudizi e non riflessi del reale.

Legami: come si formano?

Anzitutto si ha l'incontro con qualcosa che ti dà piacere: un'automobile, un aggeggio pubblicizzato in maniera allettante, un'espressione di lode sentita da una persona. Poi subentra il desiderio di fermarti su questo oggetto, di rigustare la gradevole sensazione che quella persona o quella cosa ti hanno procurato. Alla fine ti convinci di non poter essere felice senza quella persona o quella cosa, e questo perché hai equiparato alla felicità la voluttà che esse ti arrecano.

A questo punto hai un attaccamento in piena regola, e con esso ti viene una inevitabile esclusione delle altre cose, un'insensibilità a tutto ciò che non rientra nell'oggetto del tuo attaccamento. Ogni volta che lasci questo oggetto tu ci lasci il cuore attaccato, perciò non puoi investirlo nel nuovo posto dove vai. La sinfonia della vita va avanti e tu resti bloccato a guardarti indietro. Ti limiti a poche battute della melodia e chiudi le tue orecchie al resto della musica. Ecco allora che si produce in te una disarmonia e un conflitto tra quello che la vita ti sta offrendo e ciò cui tu stai attaccato.

Poi arrivano tensioni e ansietà, che sono la vera

morte dell'amore e della gioiosa felicità che ne è il frutto. Perché l'amore e la libertà si trovano soltanto quando si gode di ogni singola nota così come nasce per poi lasciarla andare: per essere totalmente pronti ad accogliere le note che seguono.

Come ci si libera di un legame? La gente pensa alla rinuncia; ma rinunciare ad alcune righe di musica, eliminarle dal campo della propria coscienza crea esattamente la stessa violenza, gli stessi conflitti e la stessa insensibilità che sono prodotti dall'attaccamento. Una volta ancora tu hai indurito te stesso.

Il segreto invece sta nel non rinunciare a niente, nel non attaccarsi a niente, nel godere di ogni cosa, lasciando che le cose scorrano e passino. Come? Attraverso molte ore passate osservando la corruzione insita in ogni legame. Tu generalmente ti concentri sul fremito, sul lampo di voluttà che le cose ti arrecano. Contempla invece l'ansia, la sofferenza, la schiavitù che ne derivano; e nello stesso tempo contempla la gioia, la pace e la libertà che conquisti ogni volta che spezzi un legame. E allora cesserai di guardare all'indietro e ti lascerai ammaliare dalla musica del momento attuale.

Getta infine uno sguardo alla società in cui viviamo. Marcia fino al midollo, corrotta com'è dagli attaccamenti. Chi vive attaccato al potere, chi al denaro, chi ai possedimenti, alla fama, al successo. Chi cerca queste cose, come se la felicità derivasse solo da esse, viene considerato un membro produttivo della società, una persona dinamica e attiva. In altre parole, se uno cerca queste cose sotto la sfera di un'ambizione che gli distrugge la sinfonia della vita e lo rende arido e freddo e insensibile verso gli altri e verso se stesso, la società lo considera persona su cui si può fare affidamento, e i suoi parenti e amici saranno orgogliosi della posizione che ha raggiunto.

Quanti individui tra quelli cosiddetti per bene conosci che abbiano saputo conservare quella capacità d'amore che solo il distacco permette?

Se ti fermerai a lungo su queste considerazioni proverai un disgusto così profondo che istintivamente getterai lontano da te ogni attaccamento, così come faresti con una serpe che ti si fosse posata sulla spalla. Proverai dentro di te un moto di ribellione e rinuncerai a questa putrida cultura basata sull'arrivismo e sull'attaccamento, sull'ansietà, sull'aridità e sulla insensibilità del disamore.

20

«Ma a voi che ascoltate io dico:
"Amate i vostri nemici, fate del bene
a coloro che vi odiano".»

Lc 6,27

Ti innamori? Ecco che ti ritrovi a guardare tutte le persone con un occhio diverso. Ti scopri generoso, pronto al perdono, in una parola, «buono», mentre forse prima eri inflessibile e meschino. Inevitabilmente la gente che avvicini comincia anch'essa a reagire nella stessa maniera nei tuoi riguardi, e presto ti accorgerai di vivere in un mondo d'amore che tu stesso hai costruito.

Al contrario, pensa a quei periodi in cui ti sei trovato di cattivo umore, irritabile, meschino, sospettoso, fors'anche addirittura nevrotico. E in quei periodi hai constatato come la gente reagiva nei tuoi riguardi in maniera negativa e ti sei ritrovato a vivere in un mondo ostile, che però era stato creato dal tuo cervello e dai tuoi stati d'animo.

Quale comportamento adottare per creare un mondo felice, buono, pacifico? È necessario imparare questa semplice, bella ma faticosa arte: l'arte del «guardare».

Ecco il metodo. Ogni qual volta ti senti stizzito o invelenito nei confronti di qualcuno, non devi guardare quella persona ma te stesso; la domanda da farti non è: «Che cos'è che non va in questa persona?», bensì: «Questa mia irritazione che cosa mi dice di me stesso?».

Questa domanda comincia a portela subito. Pensa a qualche persona che ti rende di malumore e ripeti a te stesso questa frase difficile ma liberatrice: «La causa della mia irritazione non sta in questa persona ma in me». Dopo esserti detto queste parole, mettiti d'impegno a scoprire come tu stesso produci nel tuo animo questa irritazione. Anzitutto pensa a questo: che è effettivamente possibile che i difetti – o cosiddetti difetti – di quella persona ti infastidiscano proprio perché li hai anche tu, nascosti nel fondo di te stesso. Tu inconsciamente proietti negli altri questi tuoi difetti. Le cose stanno quasi sempre così, ma quasi nessuno arriva ad ammetterlo.

Cerca perciò nel tuo cuore e nel tuo inconscio i difetti che trovi in quella persona, e la tua irritazione verso di lei si trasformerà in gratitudine, perché il suo comportamento ti ha portato a scoprire un lato oscuro di te stesso.

C'è ancora un altro aspetto su cui è bene soffermarsi. Può darsi che tu ti senta urtato da ciò che quella persona dice o fa, perché le sue parole e il suo modo di fare mettono in luce qualcosa della tua vita o di te stesso che tu rifiuti di vedere. Pensa all'imbarazzo che creano i mistici e i profeti: nessuno più è disposto a considerarli mistici o profeti quando ci sfidano con le loro parole o con la loro vita.

Un'altra cosa è chiara: tu ti senti urtato da quella persona, uomo o donna, perché non vive secondo le aspettative che ti sei formato dentro di te a suo riguardo.

Prima ipotesi: se tu hai qualche diritto a esigere che quell'uomo o quella donna agiscano secondo i tuoi programmi (per esempio quando si comportano in maniera ingiusta o crudele), non pensarci più. Se infatti vuoi cambiare quella persona nel suo comportamento, non saresti più inefficace se non fossi irritato? L'irritazione infatti non fa altro che intorbidare la tua percezione e rende efficace il tuo intervento. Tutti sanno che quando uno sportivo (per esempio un pugile) perde la calma, la sua azione scade di qualità, perché la passione e la rabbia gli fanno perdere la concentrazione.

Seconda ipotesi: in molti casi, tu non hai alcun diritto di esigere che quella persona si comporti secondo le tue aspettative. Altri nella tua stessa situazione, di fronte a quello stesso comportamento non ne sarebbero affatto irritati. Ripensa a questa verità, e la tua irritazione svanirà. Non è forse illogico da parte tua esigere che anche altre persone vivano secondo gli standard e le norme che i tuoi genitori hanno posto in te?

C'è infine un'ultima verità da considerare: visto l'ambiente che sta alle spalle di quella persona, viste le sue esperienze di vita, vista la sua assenza di consapevolezza, essa non può comportarsi in maniera diversa da come si comporta. È stato affermato con molta esattezza che conoscere tutto vuol

dire perdonare tutti. Se tu conoscessi profondamente quella persona, tu la vedresti semmai come
handicappata e non come degna di biasimo, e la
tua irritazione svanirebbe immediatamente.

La prima cosa che sperimenterai sarà che trat-
terai quella persona, uomo o donna, con amore,
ed essa risponderà con altrettanto amore, e tu ti
troverai a vivere in un mondo d'amore che hai tu
stesso creato.

21

«I farisei dicevano ai suoi discepoli:
"Perché il vostro maestro mangia
insieme con i pubblicani e i peccatori?".»

Mt 9,11

Se vogliamo entrare realmente in contatto con la realtà di una cosa o di una persona, il primo passo da compiere è di capire che ogni idea distorce la realtà e costituisce una barriera tra la nostra visione e quella realtà.

L'idea non è la realtà. L'idea «vino» non è il vino; l'idea «donna» non è questa donna. Se voglio realmente captare la realtà di *questa donna indiana*, io devo ignorare le mie idee di «femminilità» e di «indianità» e vedere questa donna nella sua ipseità, cioè nella sua concretezza, nella sua unicità. Purtroppo la maggior parte della gente il più delle volte non si prende la briga di vedere le cose in questa maniera, cioè nella loro unicità: sentono le parole, tengono conto delle idee, ma non guardano mai con gli occhi di un bambino questa entità concreta, unica, malleabile e viva che si muove davanti a loro. Vedono semplicemente un passero, non vedono la meraviglia irripetibile di questo essere unico che sta loro di fronte, così come vedono solo una piacente donna indiana.

L'idea perciò costituisce una barriera alla percezione del reale.

Un'altra barriera è costituita dal pregiudizio. Questa cosa o questa persona è buona o cattiva, bella o brutta. Già l'idea di «indiana» o di «donna» o di «piacente» costituisce una barriera quando io guardo a questa persona concreta. Ma ora all'idea io aggiungo un giudizio e dico: è buona, oppure cattiva; attraente e bella, oppure non attraente, brutta. Questo giudizio mi impedisce ancor più di vederla, perché essa in realtà non è né buona né cattiva: essa è puramente *essa*, in tutta la sua unicità. Il coccodrillo e la tigre non sono né buoni né cattivi: sono semplicemente coccodrillo e tigre. Buono e cattivo si dicono in riferimento a qualcosa che sta al di fuori di loro stessi. Noi li definiamo buoni e cattivi nella misura in cui rientrano nella nostra prospettiva, nella misura in cui sono piacevoli ai nostri sguardi o ci sono di aiuto oppure costituiscono per noi una minaccia.

Rifletti ora a quando qualcuno ti ha definito buono, o attraente, o bello. O ti sei chiuso in te stesso, perché dentro di te pensavi di essere brutto, e ti sei detto: «Se tu mi conoscessi quale realmente io sono non mi avresti definito bello»; oppure ti sei aperto ai complimenti espressi da quella persona e realmente ti sei creduto bello e ti sei concesso un brivido di compiacimento per quel complimento. In entrambi i casi hai sbagliato, perché tu non sei né bello né brutto. Tu sei *tu*.

Se ti lasci irretire dai giudizi della gente che ti sta intorno, tu mangi il frutto della tensione, della insicurezza e dell'ansietà, perché se oggi ti dicono bello e ti senti gonfiare, domani ti diranno brutto, e tu ti sentirai a terra. La reazione giusta perciò di fronte a chi ti definisce bello è quella di dire a te stesso: «Questa persona rivela così la sua attuale percezione e il suo attuale umore. Mi vede bello, ma ciò non rivela niente di quello che sono io. Un'altra persona al posto suo, di differente formazione e con un altro umore e modo di vedere, mi direbbe brutto. Ma neppure questo direbbe qualcosa di me».

Molto facilmente siamo influenzati dal giudizio degli altri nel farci un'opinione su noi stessi. Per conservarti realmente libero sta' pure a sentire le cose «buone» e quelle «cattive» che dicono su di te, ma impara contemporaneamente a non provarne alcuna emozione: come un computer che non reagisce, qualunque dato gli venga fornito. Di fatto, ciò che gli altri dicono di te non rivela nulla di quel che essi sono, come non rivela nulla di te stesso.

A dire il vero, anche tu devi fare attenzione ai giudizi che emetti su te stesso, perché anche questi si fondano su schemi di valutazione che tu desumi dalla gente che ti sta intorno. Quando tu giudichi, condanni o approvi, vedi sempre bene la realtà? Il guardare alle cose con intento di giudizio (di approvazione o di condanna) non costituisce forse la maggior barriera a capire e a osservare le cose quali sono realmente?

Prendi il caso di quando qualcuno ti ha detto: «Tu per me sei proprio un tipo speciale». Se accetti questo complimento, tu assapori il frutto della tensione. Infatti, perché voler essere speciale per qualcuno e sottomettersi a questo tipo di approvazione e di giudizio? Perché non accontentarsi di essere semplicemente se stessi?

Quando qualcuno ti dice quanto sei speciale, tutto ciò che puoi dirti è: «Questa persona, dato il suo particolare gusto, i suoi bisogni, desideri, propensioni e proiezioni, ha una particolare inclinazione verso di me, ma tutto questo non dice niente su di me in quanto persona. Altri, invece, non mi trovano per nulla speciale. Ma anche questo non dice nulla di me in quanto persona».

Inoltre, nel momento in cui accetti quel complimento e permetti a te stesso di rallegrartene, tu dai, alla persona che ti ha lodato, il controllo su di te: tu infatti farai l'impossibile per continuare a essere speciale per lei; e sarai in continua paura che quella persona incontri qualcun altro che diventi speciale ai suoi occhi al posto tuo, facendoti sloggiare dalla posizione di privilegio che hai nella sua vita.

E così ballerai continuamente alla sua musica, vivendo secondo le sue aspettative: e hai perso la tua libertà, ti sei reso dipendente da lui per la tua felicità, perché hai legato la tua felicità al giudizio che egli dà di te.

A questo punto c'è il pericolo di peggiorare ancor più la tua situazione mettendoti a cercare altre persone che ti dicano anch'esse che sei speciale per loro. E spenderai tempo ed energie per assicurarti che esse non perdano questa immagine che hanno di te. Che esistenza logorante! Perché, ecco, arriva immediatamente la paura: paura che la tua immagine venga distrutta.

Se ciò che vai cercando è l'assenza di paura e la libertà, tu devi lasciar perdere tutte queste cose.

Come? Rifiutandoti di prendere sul serio chiunque ti dica quanto sei speciale.

Se io ti dico: «Tu sei speciale per me», questa espressione esprime semplicemente qualcosa del mio presente umore nei tuoi confronti, qualcosa dei miei gusti, del mio attuale stato d'animo e del mio livello di sviluppo. Nient'altro. Prendine sì atto, ma non rallegrartene. Quello di cui puoi rallegrarti è la mia compagnia, non il mio complimento. Quello che puoi godere è il mio attuale interscambio con te, non la mia lode.

E se tu sei saggio, tu mi spingerai a cercare molte altre persone speciali: così non sarai mai tentato di fermarti e bloccarti su questa immagine che io ho di te: non ne godrai, perché sarai continuamente consapevole di quanto facilmente può cambiare questa immagine.

Godrai perciò soltanto del momento presente, perché se godrai dell'immagine che io ho di te, io ti controllerò, e tu per non urtarmi avrai paura a essere te stesso, avrai paura a dirmi la verità, a fare o dire qualcosa che potrebbe danneggiare l'immagine che ho di te.

Estendi ora queste considerazioni a tutto ciò che la gente dice di te: che sei un genio, un saggio, che sei buono e santo. Se crederai a questi complimenti, in quell'attimo tu perderai la tua libertà: perché da quel momento non cercherai altro che alimentare queste opinioni; avrai terrore di compiere qualche sbaglio, paura a essere te stesso, di fare o dire qualcosa che potrebbe impoverire la tua immagine. Hai perso la libertà di prenderti in giro, di farti deridere e di essere ridicolo; hai perso la libertà di fare o dire qualunque cosa tu senta giusta, per far solo ciò che collima con l'immagine che gli altri hanno di te.

Come si spezza questa catena? Con lunghe, pazienti ore di studio, di consapevolezza, di osservazione su che cosa questa immagine ti dà. Che cosa ti dà? Un brivido di voluttà, ma assieme a molte insicurezze, e schiavitù, e sofferenze.

Se tu te ne rendessi conto con chiarezza, svanirebbe il tuo desiderio di essere speciale per qualcuno o di essere stimato superiore dagli altri. Ti metteresti a tuo agio fra i peccatori e fra la gente di cattivo carattere, e faresti e diresti ciò che più ti piace, senza alcun riguardo a ciò che la gente può pensare di te. Saresti come gli uccelli del cielo e i fiori, i quali sono così radicalmente inconsapevoli, così occupati a vivere da non poter più minimamente interessarsi a ciò che gli altri pensano di loro, a essere più o meno speciali per gli altri.

E così finalmente non sarai più preda di paure, e sarai libero.

22

*«Beati quei servi che il padrone
al suo ritorno troverà ancora svegli.»*

Lc 12,37

In ogni parte del mondo, tutti cercano l'amore, perché tutti sono convinti che solo l'amore può salvare il mondo, solo l'amore può dare senso alla vita, rendendola degna di essere vissuta. Ma quanto pochi sono coloro che capiscono che cos'è realmente l'amore e come nasce nel cuore umano! Molto spesso si pensa che esso consista nei buoni sentimenti o nel servizio verso gli altri, nella benevolenza, nella non-violenza. Però tutte queste cose in se stesse non sono l'amore. L'amore sgorga solo dalla conoscenza: tu potrai amare realmente una persona soltanto quando e nella misura in cui la vedrai quale realmente è, uomo o donna, qui e in questo momento, e non così come vive nella tua memoria o nel tuo desiderio, nella tua immaginazione o nella tua proiezione. Altrimenti tu non ami quella persona bensì l'idea che te ne sei fatta, oppure ami sì quella persona ma in quanto oggetto del tuo desiderio e non così come lui o lei sono nella realtà.

Il primo passo verso l'amore consisterà perciò

nel vedere quella persona o quell'oggetto, quella realtà, così come sono veramente. Ma questo implica una severa disciplina: mettere a tacere i tuoi desideri, i tuoi pregiudizi, i tuoi ricordi, le tue proiezioni, la tua faziosa maniera di guardare. Si tratta di una disciplina così severa che la maggior parte della gente preferisce buttarsi anima e corpo in azioni serviziévoli piuttosto che sottomettersi alla prova del fuoco di questo ascetismo. Quando tu decidi di metterti a servizio di qualcuno che non ti sei impegnato a conoscere bene, tu vai incontro ai bisogni di quella persona oppure ai tuoi? Ecco, perciò, che il primo ingrediente dell'amore è vedere realmente l'altro.

Il secondo ingrediente, ugualmente importante, è di vedere realmente te stesso: parlo di quello spietato fascio di luce che devi gettare sulle tue motivazioni, sulle tue emozioni, sui tuoi bisogni, sulle tue disonestà, sul tuo egoismo, sulla tua tendenza a controllare e a manipolare. Questo è chiamare le cose con il loro nome, senza badare a quanto penose possano risultare le scoperte e le conseguenze.

Quando avrai raggiunto questa conoscenza dell'altro e di te stesso, tu avrai scoperto che cos'è l'amore. Perché allora avrai uno spirito, un cuore vigile, attento, trasparente, sensibile, avrai una chiarezza di percezione, una sensibilità che stimoleranno in te una precisa e appropriata risposta a ogni situazione, in qualsiasi momento. Alcune volte infatti ti sentirai irresistibilmente portato ad agire, altre volte verrai come trattenuto e bloccato; sarai portato talvolta a ignorare gli altri, talaltra a prestare loro l'attenzione che chiedono; certe volte sarai gentile e arrendevole, altre volte duro, senza compromessi, tassativo, fors'anche violento. L'amore infatti, nascendo dalla sensibilità, assume diverse e inaspettate forme e non risponde a nessuna idea o principio prefabbricati, ma al reale presente e concreto.

Quando proverai per la prima volta questa sensibilità forse ti sentirai invadere dal terrore: perché tutte le tue difese crolleranno, la tua disonestà verrà messa a nudo, verranno smantellati i muri di difesa di cui ti sei circondato.

Pensa al terrore che prova un ricco quando accetta di vedere realmente la penosa condizione dei poveri; pensa al terrore che prova un dittatore assetato di potere quando guarda realmente allo stato del popolo che egli opprime; pensa al terrore che prova un fanatico, un bigotto, quando realmente vede la falsità delle proprie idee che non collimano con i fatti reali; pensa al terrore che invade l'amante quando accetta di ammettere che quella che egli ama non è la sua amata ma l'immagine che lui se n'è fatta.

Ecco perché l'atto più difficile che un essere umano possa compiere, l'atto che più di ogni altro è temuto, è l'atto del vedere. È da quest'atto che ha origine l'amore, o piuttosto – se vogliamo esprimerci con maggior precisione – l'atto del vedere è Amore.

Quando avrai cominciato a vedere, la tua sensibilità ti condurrà alla consapevolezza. Consapevolezza non soltanto delle cose che scegli tu di vedere, ma anche di tutte le altre realtà. Il tuo povero *io* cercherà disperatamente di ottundere questa sensibilità, perché dopo il crollo di tutte le sue difese, si trova disarmato e senza più niente cui aggrapparsi. Permetti a te stesso di vedere, e ne avrai la morte del tuo *io*.

Ecco perché l'amore è così terrificante: perché amare è vedere, e vedere è morire. Ma questa è nello stesso tempo la più deliziosa ed esaltante esperienza che si possa fare. Perché nella morte dell'*io* si trovano la libertà e la pace, la serenità e la gioia.

Se è veramente l'amore che tu desideri, allora decidi immediatamente di voler vedere, prenditi seriamente questo impegno e guarda a qualcuno che non ti piace e affronta il tuo pregiudizio a viso aperto. Oppure, all'opposto, fissati su una persona o su una cosa cui sei attaccato e guarda in faccia la sofferenza, l'inutilità, la schiavitù di questo attaccamento, e guarda attorno a te amorevolmente le facce e i comportamenti della gente. Prenditi qualche pausa per contemplare in ammirazione la natura, il volo di un uccello, un fiore in boccio, la foglia secca che cade nella polvere, il fluire di un fiume, il sorgere della luna, il profilo di una montagna contro il cielo. Facendo queste cose, la dura e protettiva conchiglia che incapsula il tuo cuore si ammorbidirà e si aprirà, e il tuo cuore rivivrà in sensibilità e responsabilità. L'oscurità lascerà i tuoi occhi, la tua visione si farà chiara e penetrante, e tu conoscerai finalmente che cos'è l'amore.

23

*«Congedata la folla, Gesù salì sul monte,
solo, a pregare.»*

Mt 14,23

Ti sarà capitato di constatare che puoi amare soltanto quando sei da solo. Che cosa significa amare? Significa vedere una persona, una cosa, una
situazione così come sono nella realtà e non come tu immagini che esse siano, e darvi una risposta adeguata. Tu non puoi amare ciò che neppure
vedi.

E che cosa ti impedisce di vedere? I tuoi modelli, le tue categorie mentali, i tuoi pregiudizi e le
tue proiezioni, i tuoi bisogni e i tuoi legami, le etichette che hai derivato dai condizionamenti subì-
ti e dalle tue esperienze passate.

Il «vedere» è l'impegno più gravoso che un essere umano possa assumersi, perché richiede uno
spirito disciplinato e vivace, mentre i più preferiscono adagiarsi nella pigrizia mentale piuttosto
che affrontare l'impegno di vedere ogni persona o
cosa con sguardo nuovo, nella freschezza del momento presente.

Già è arduo mettere da parte i propri condizionamenti, ma l'arte del vedere esige un qualcosa di

ancor più penoso: il liberarsi del controllo che la società esercita su di noi, un controllo che con i suoi tentacoli penetra fino alle radici del nostro essere, per cui per sfuggirgli si deve addirittura rinunciare a se stessi.

Per meglio afferrare questa verità, pensa a un bambino cui sia stata fatta assaggiare la droga. Una volta che la droga ha pervaso il suo fisico, egli diventa tossicodipendente, e tutto il suo essere urla per avere questa droga. Per un drogato, star senza droga è una situazione talmente intollerabile che sembra preferibile la morte.

Ora questo è esattamente quanto la società ha fatto nei tuoi riguardi quando eri bambino. Non ti è stato permesso di godere del solido, nutriente cibo della vita (il lavoro, il gioco, la compagnia della gente, i piaceri dei sensi e dello spirito); ti è stato inoculato invece il gusto dell'approvazione, dell'apprezzamento, dell'attenzione, le droghe chiamate successo, prestigio, potere.

Una volta assaggiati questi frutti, ne sei diventato dipendente e hai cominciato a temerne la perdita. Ti sei sentito invadere dal terrore alla prospettiva di un fallimento, di uno sbaglio, della critica della gente. E così sei diventato irreparabilmente dipendente dalla gente e hai perso la tua libertà. Adesso il potere di farti felice o miserabile è in mano agli altri. E nonostante tu abbia terrore delle tribolazioni che questa situazione comporta, ti trovi completamente disarmato.

Non c'è un solo minuto in cui tu non sia, cosciente o meno, intonato con le reazioni degli altri, un solo minuto in cui tu non marci al rullo di tamburo delle loro richieste. Quando vieni ignorato o disapprovato, tu esperimenti una solitudine così insopportabile che immediatamente torni carponi verso la gente a elemosinare quel conforto che ha nome Appoggio, Incoraggiamento, Stimolo.

Vivere fra gli altri in questo stato implica una tensione senza fine, ma d'altra parte vivere senza gli altri comporta l'agonia della solitudine. Tu hai perso la capacità di vedere gli altri chiaramente così come sono e di rispondervi con precisione, perché quasi sempre la tua percezione è offuscata dal bisogno della tua droga.

La conseguenza di tutto questo è terribile e inevitabile: sei diventato incapace di amare qualsiasi cosa o persona. Se vuoi amare devi di nuovo imparare a vedere. E se vuoi vedere devi lasciare la tua droga. Devi strappare via dal tuo essere le radici della società, che ti sono arrivate fino al midollo. Devi tirartene fuori.

Esternamente tutto continuerà ad andare avanti come prima, continuerai la tua vita *nel* mondo ma non sarai più *del* mondo. Nel tuo cuore sarai finalmente libero, ma completamente solo. In questa solitudine assoluta le tue dipendenze e i tuoi desideri moriranno, lasciando via libera alla capacità di amare. Perché non vedrai più gli altri come mezzo per soddisfare le tue tossicodipendenze.

Solo chi l'ha provato conosce quanto terrificante sia questo procedimento. È come invitare te stesso a morire. È come chiedere a un drogato di rinunciare all'unica felicità che ha conosciuto, per rimpiazzarla con il sapore del pane e della frutta, con l'aria fresca del mattino e la dolcezza dell'acqua di una sorgente montana, mentre lui sta lottando per resistere ai crampi dell'astinenza e al vuoto che sta sperimentando ora che non ha più la sua droga. Nulla all'infuori della droga può colmare il vuoto del suo spirito febbricitante.

È difficile immaginare un'esistenza nella quale tu ti rifiuti di godere anche solo di una parola di approvazione o di apprezzamento; un'esistenza nella quale rinunci ad appoggiarti al braccio di qualcuno; un'esistenza nella quale tu non dipenda emozionalmente da nessuno, in maniera che nessuno abbia più il potere di renderti felice o miserabile; un'esistenza nella quale ti rifiuti di aver bisogno di una persona in particolare o di essere speciale per qualcuno o ti rifiuti di dire «mio» riguardo a qualunque cosa. Anche gli uccelli del cielo hanno il loro nido e le volpi la loro tana: tu, invece, non avrai dove posare il capo nel tuo viaggio attraverso la vita.

Se arriverai a questo punto, tu scoprirai che cosa significa vedere con una visione chiara e non obnubilata dalla paura o dal desiderio, e conoscerai che cosa sia amare. Ma per arrivare a questa terra dell'amore occorre passare attraverso le pene della morte, perché amare una persona significa morire al bisogno di essere persona e accettare di vivere totalmente soli.

Come ci potrai arrivare? Attraverso una consapevolezza incessante, e l'infinita pazienza e compassione che avresti per un drogato.

Ti sarà di aiuto intraprendere qualche attività nella quale tu possa buttare tutto il tuo essere, un'attività che ti soddisfi in tal misura che, mentre vi sei impegnato, il successo o il riconoscimento o l'approvazione semplicemente non significhino nulla per te.

Ti sarà di aiuto anche un ritorno alla natura. Manda via la folla e ritirati sulla montagna e mettiti in comunicazione silenziosa con gli alberi, con i fiori e con gli uccelli, con il mare e con il cielo, con le nuvole e con le stelle.

Scoprirai che il tuo cuore ti ha condotto nel deserto sconfinato della solitudine, ove nessuno più è al tuo fianco, assolutamente nessuno.

All'inizio ciò ti sembrerà insopportabile, ma questo dipende dal fatto che non sei abituato a star solo. Ma se ti organizzi per fermarti un po' a lungo, il deserto fiorirà in amore. Il tuo cuore sboccerà nel canto, e sarà eterna primavera.

24

«Non giudicate, per non essere giudicati.»

Mt 7,1

Il concetto più pratico che si può enunciare riguardo all'amore è questo: il più bell'atto d'amore che tu possa realizzare non sarà un atto di servizio verso gli altri, bensì un atto di contemplazione, l'atto del «vedere». Quando tu compi un'azione di servizio verso una persona, tu la aiuti, la sostieni, la conforti, le rechi sollievo nelle sue pene. Quando invece tu la vedi nella sua bellezza e nella sua bontà interiore, tu la trasformi e la ricrei.

Pensa alle persone che tu ami e che hanno avuto modo di entrare in contatto con te. Adesso cerca di riguardare ognuna di queste persone così come l'hai vista la prima volta, non lasciandoti influenzare da conoscenze o esperienze che hai potuto fare nel passato, sia buone sia cattive. Vedi di ritrovare in esse quelle cose che puoi aver dimenticato su di loro a motivo della familiarità, perché la familiarità genera assuefazione, stanchezza, miopia e noia. Tu non puoi amare ciò che non vedi fresco, tu non puoi amare ciò che non riscopri continuamente nuovo.

Dopo aver fatto questo, passa ora in rassegna le persone che non ti piacciono. Per prima cosa cerca di vedere chiaramente che cos'è che in esse non ti piace, analizza i loro difetti con occhio imparziale e con distacco. Ciò significherà che tu non puoi più usare etichette come «ambizioso», «pigro», «egoista», «arrogante»: l'etichettare le persone è un atto di pigrizia mentale, un procedimento fin troppo facile. Difficile e stimolante, invece, è vedere questa persona concreta, uomo o donna, in quello che costituisce la sua unicità.

Se vuoi studiare quei difetti clinicamente, devi anzitutto essere sicuro della tua imparzialità. Prendi in considerazione anche la possibilità che ciò che tu consideri in esse come un difetto, nella realtà può anche non essere un difetto ma qualcosa che ti urta a motivo della tua educazione e dei tuoi condizionamenti mentali. Se, dopo aver fatto questa considerazione, tu ancora ci vedi un difetto, cerca di capire che l'origine di un difetto va cercata nelle esperienze dell'infanzia, nei condizionamenti del passato, in mentalità sbagliate o nel modo di vedere le cose; e su tutto stenderai il velo dell'ignoranza, non quello della malizia. Grazie a questo atteggiamento mentale, la tua disposizione verso i «difetti» di quella persona si trasformerà in amore e in perdono, perché studiare, osservare e capire significa perdonare.

Compiuta questa indagine sui difetti, cerca ora di riscoprire in quella persona i tesori sepolti che il tuo disamore ti impediva prima di vedere. E mentre fai questo, sorveglia attentamente ogni variazione di atteggiamento e di sentimento che sopravviene in te, perché il tuo disamore aveva annebbiato la visione, ti aveva anzi addirittura impedito di vedere.

Adesso puoi spostare la tua osservazione su ognuna delle persone con cui vivi e lavori, osservando come ognuna si trasformi ai tuoi occhi se la guardi in questa maniera. Vedere queste persone con occhi così rinnovati sarà per loro un dono d'amore infinitamente più grande di qualsiasi atto di servizio che tu potessi fare nei loro riguardi: così facendo, infatti, tu le hai trasformate e come ri-create nel tuo cuore. E se ci sarà una certa frequenza di contatti tra te e queste persone, questa trasformazione si riprodurrà anche concretamente nella realtà esterna.

Ora però fa' anche a te stesso questo dono. Se sei stato capace di farlo agli altri, ciò ti dovrebbe riuscire discretamente facile. Segui lo stesso procedimento: nessuna condanna, nessun giudizio sui tuoi difetti o sulle tue nevrosi. Tu non hai giudicato gli altri? Ti stupirai ora nel vedere che neanche tu vieni giudicato. Quei difetti vengono da te indagati, studiati, analizzati in vista di una migliore comprensione, che porta all'amore e al perdono. E scoprirai con grande gioia che tu vieni trasformato da questo atteggiamento insolitamente amorevole che insorge in te stesso verso quello che tu chiami il tuo *io*, un atteggiamento che, nato dentro di te, si allarga poi attraverso te a ogni creatura vivente.

25

Quando si viene a contatto con una persona non vedente, ci si accorge che essa percepisce alcune realtà di cui noi non abbiamo neppure l'idea. La sua sensibilità al tatto, agli odori, al gusto e ai suoni è tale da far apparire sordi e goffi noi che abbiamo la vista.

Noi compiangiamo quelli che hanno perso la vista, ma raramente ci rendiamo conto dell'arricchimento che deriva loro dagli altri sensi. Peccato che queste altre ricchezze siano acquistate al prezzo della cecità. Una conseguenza per noi potrebbe essere questa: noi dovremmo, anche senza perdere la vista, essere vivi e in sintonia con il mondo esterno almeno quanto lo sono i non vedenti.

Ma non è possibile e neppure è immaginabile che tu possa scoprire il mondo dell'amore se non getti nell'inceneritore quella componente del tuo essere psicologico che chiami attaccamento.

Se ti rifiuti di fare questo, tu perdi l'esperienza

dell'amore, perdi l'esperienza dell'unica cosa che dà significato all'esistenza umana. Perché l'amore è il passaporto per la gioia, la pace e la libertà. C'è un'unica cosa che blocca l'entrata in quel mondo, e questa cosa ha nome Attaccamento. Esso è prodotto dall'occhio cupido che eccita i desideri nel cuore e dalla mano avida che si allunga a trattenere, a possedere e a impossessarsi, rifiutando sempre di aprirsi. È questo l'occhio che va cavato, è questa la mano che va mozzata se deve nascere l'amore. Con quei moncherini mutilati al posto delle mani tu non potrai più ghermire niente; con quelle spente occhiaie al posto degli occhi tu diventerai immediatamente sensibile a realtà di cui non avevi mai neppure sospettato l'esistenza.

Adesso finalmente tu puoi amare. Finora tutto ciò che avevi era semplicemente una bontà di cuore, una benevolenza, una simpatia, un'attenzione verso gli altri, stati d'animo che tu erroneamente prendevi per amore ma che con l'amore poco hanno in comune, così come una tremula fiamma di candela niente ha a che fare con la luce del sole.

Cos'è l'amore? È essere sensibili a ogni frammento della realtà, dentro e fuori di te, e contemporaneamente rispondere con tutto il proprio spirito a quella realtà. Talvolta tu accetterai quella realtà; talaltra la rifiuterai; talvolta la ignorerai, talaltra le presterai tutta la tua attenzione: ma in tutti i casi tu risponderai non in base all'urgenza ma in base alla sensibilità.

E che cos'è l'attaccamento? È una fame, un avvinghiarsi che ottunde la tua sensibilità. Una droga che annebbia la tua percezione. Ecco perché l'amore non può nascere finché resiste anche solo il più debole attaccamento a qualsiasi cosa o persona. L'amore infatti è sensibilità, e una sensibilità che sia sbrecciata anche in misura minima è una sensibilità distrutta. Come il cattivo funzionamento di un pezzo essenziale in un apparecchio radar distorce la ricezione, così l'attaccamento distorce la tua risposta alle realtà che percepisci.

Non c'è amore imperfetto, o amore insufficiente o parziale. L'amore, come la sensibilità, o esiste in tutta la sua pienezza oppure semplicemente non esiste. O ce l'hai totale, oppure non ce l'hai per niente. Così, solo quando i legami scompaiono, uno entra nel regno senza confini della libertà spirituale chiamata Amore e diventa capace di vedere e di rispondere.

Non devi però confondere questa libertà con l'indifferenza di coloro che non sono mai passati attraverso un legame. Come potresti cavarti un occhio o amputarti una mano che non hai?! Questa indifferenza che così tanti scambiano per amore (essi non sono attaccati a nessuno..., essi «amano tutti») non è sensibilità ma piuttosto un indurimento del cuore, che può essere derivato da rifiuti, o disillusioni o anche dalla pratica della rinuncia.

No, si deve affrontare il mare tempestoso dei legami se si deve approdare alla terra dell'amore. Alcuni, non avendo mai preso il mare, si sono autoconvinti di essere già arrivati in porto. Bisogna essere completi di mani e di occhi perché la spada possa fare il suo lavoro e perché il mondo dell'amore possa aprirsi in consapevolezza. Ma non illuderti. Tutto questo si ottiene solamente con la violenza: solo i violenti conquistano il Regno.

Perché la violenza? Perché la vita, lasciata ai suoi congegni, non produrrebbe mai amore, ti porterebbe soltanto all'attrazione, dall'attrazione al piacere, poi all'attaccamento, all'appagamento, che alla fine portano alla stanchezza e alla noia. Dopo un po' si arriva a una stasi, poi di nuovo lo stanco ciclo riprende: attrazione, piacere, attaccamento, appagamento, stanchezza, noia. E tutte queste cose, miste all'ansietà, alle gelosie, alle rapacità, al dolore, alla sofferenza, fanno del ciclo una montagna russa.

Quando avrai percorso più e più volte il ciclo verrà il momento che ne avrai abbastanza e vorrai porre un termine a tutto questo vortice. E se sei abbastanza fortunato da non imbatterti nuovamente in qualcosa o qualcuno che colpisca il tuo sguardo, avrai ottenuto finalmente una fragile pace. Questo è il massimo che la vita può darti. Tu puoi erroneamente equiparare questo stato alla libertà, e così puoi morire senza aver realmente mai conosciuto che cosa signifchi essere libero e amare. Se desideri spezzare il ciclo ed entrare nel mondo dell'amore, devi colpire mentre l'attaccamento è fresco di nascita, non quando è già troppo cresciuto. E devi colpire non con la spada della rinuncia (perché questo tipo di mutilazione produce soltanto durezza), ma con la spada della consapevolezza.

Di che cosa dobbiamo farci consapevoli? Di tre cose.

Primo, tu devi vedere la sofferenza che questa droga genera, gli alti e bassi, i brividi, le ansie e le delusioni, la noia cui conduce inevitabilmente.

Secondo, devi capire di che cosa questa droga ti defrauda, cioè della libertà di amare e di godere di ogni attimo e di ogni cosa nella vita.

Terzo, devi capire che a motivo della tua dipendenza dalla droga e a motivo della tua pianificazione, tu hai rivestito l'oggetto del tuo attaccamento con una bellezza e con un valore che esso semplicemente non ha. Ciò di cui sei così innamorato si trova nella tua testa, non nella persona o nella cosa che ami. Renditi conto di questo, e la spada della consapevolezza spezzerà l'incantesimo.

Si dice comunemente che solo quando sei profondamente amato tu sei in grado di amare gli altri. Non è vero. Un uomo innamorato si apre sì al mondo ma non nell'amore: nell'euforia. Per lui il mondo assume un irreale color rosa, che perde però nel momento in cui s'infiacchisce l'euforia. Il suo cosiddetto amore non è generato dalla chiara percezione del reale, bensì dalla sua convinzione, vera o falsa, di essere amato da qualcuno: una convinzione pericolosamente fragile, perché basata sulle inattendibili, mutevoli persone dalle quali egli crede di essere amato, che a ogni momento possono girare l'interruttore e spegnere la sua euforia.

Non c'è da meravigliarsi se coloro che camminano su questo sentiero non perdono mai realmente la propria insicurezza.

[Quando ti apri al mondo in forza dell'amore che qualcuno ha per te, tu ti illumini non per la tua percezione del reale ma per l'amore che hai ricevuto da qualcun altro: ecco allora che questo qualcun altro controlla l'interruttore, e quando vuole spegne il tuo entusiasmo.]

Quando prendi in mano la spada della consapevolezza per troncare i tuoi legami e aprirti all'amore, c'è una cosa che devi tenere presente: non devi essere violento, o impaziente, o nemico di te stesso. Come potrebbe l'amore sgorgare da simili atteggiamenti? Piuttosto, coltiva la compassione e il realismo con cui il chirurgo maneggia il bisturi. Allora potrai ritrovarti nella meravigliosa situazione di amare l'oggetto stesso del tuo attaccamento e di goderne anche più di prima, pur potendo contemporaneamente godere di ogni altra cosa o persona.

Questo è il *test* più sicuro per verificare se quello che tu hai è amore. Lungi dal diventare indifferente, tu ora godi di ogni cosa e di ogni persona, come prima godevi nell'oggetto del tuo legame. Solo che ora non ci sono più né febbre, né sofferenze, né apprensione.

In effetti ora si potrebbe dire di te che godi di tutto e di niente. Perché tu hai fatto la grande scoperta che ciò che ti fa godere di fronte a ogni cosa e persona è qualcosa che sta dentro di te. L'orchestra è in te, e tu te la porti dentro ovunque vai. Le cose e le persone che stanno fuori di te precisano soltanto quale particolare melodia l'orchestra suonerà. E quando nessuna cosa o persona attirerà in maniera particolare la tua attenzione, l'orchestra eseguirà una sua musica, senza bisogno di suggerimenti esterni.

Tu ora arrechi al tuo cuore una felicità che nessuna cosa che sta fuori di te ti può arrecare né togliere.

Questo è un altro *test* dell'amore: ti senti felice per nessuna ragione esplicita.

Questo amore durerà? Non vi sono garanzie. Mentre infatti l'amore non può essere parziale, esso può tuttavia avere una durata limitata L'amore viene e va, secondo che il tuo spirito è sveglio e consapevole oppure si lascia ricadere nel sonno. Ma c'è anche un'altra certezza. Una volta che avrai gustato anche solo un piccolo assaggio di questa cosa chiamata amore, tu capirai che nessun prezzo è troppo alto, nessun sacrificio troppo rilevante (neppure il cavarti un occhio o il mozzarti una mano), se puoi averne in cambio l'unica cosa che rende la vita degna di essere vissuta.

26

*«Non bisognava che il Cristo sopportasse
queste sofferenze
per entrare nella sua gloria?»*

Lc 24,26

Ripensa a qualcuno degli episodi dolorosi della tua vita. Per quanti di essi oggi devi essere riconoscente, perché proprio grazie a essi tu sei cambiato in meglio e sei cresciuto!

Si tratta di una verità irrefutabile della vita che però i più non arrivano mai a scoprire. Le contingenze gioiose ci rendono godibile la vita ma non ci guidano alla scoperta di noi stessi, né alla crescita e alla libertà. Questo privilegio è riservato alle cose, alle persone e alle situazioni che ci procurano sofferenze. Ogni evento doloroso racchiude in sé un germe di crescita e di liberazione.

Alla luce di questa verità, ripercorri la tua vita passata e da' uno sguardo all'uno o all'altro degli episodi di cui non hai un grato ricordo, e vedi se ti riesce di scorgervi il potenziale di crescita che essi racchiudevano, di cui tu non hai avuto coscienza e da cui perciò non hai tratto alcun beneficio.

Ripensa ora a qualche avvenimento recente che ti arrecò sofferenza, che lasciò in te un segno negativo. Chiunque o qualunque cosa ti abbiano lasciato quel segno, furono tuoi maestri, perché ti svelarono angoli di te stesso che tu probabilmente neppure conoscevi. E si risolsero per te in un invito, una sfida a conoscere te stesso, a scoprire te stesso: furono in definitiva un invito alla crescita, alla vita e alla libertà.

Prova ora a identificare questi sentimenti negativi che quegli eventi fecero sorgere in te, sentimenti di ansia, di insicurezza, di gelosia o di rabbia o sensi di colpa. Che cosa ti dicono questi sentimenti su te stesso, sui tuoi valori, sul tuo modo di percepire il mondo e la vita e, soprattutto, sulla tua pianificazione e sui tuoi condizionamenti?

Se riuscirai a scoprire questo, ti libererai di alcune illusioni che hai nutrito finora, oppure correggerai una percezione errata o una idea falsa, oppure imparerai a prendere le distanze dalla tua sofferenza, perché capirai che essa è provocata dalla tua pianificazione e non dalla realtà. E ti scoprirai improvvisamente colmo di gratitudine per quei sentimenti negativi e per quella persona o cosa che te li ha provocati.

Ora fa' un altro passo avanti. Guarda tutto ciò che non ti piace in te stesso, di ciò che pensi, senti, dici e fai: le tue emozioni negative, i tuoi difetti, i tuoi lati negativi, i tuoi errori, tutti i tuoi attaccamenti e le tue nevrosi, i tuoi complessi e, sì, anche i tuoi peccati. E cerca di vederli tutti e ognuno come necessari punti di avvio per il tuo sviluppo, che racchiudono, ognuno, una promessa di crescita e di grazia per te e per gli altri, crescita e grazia che non ci sarebbero mai state senza questa cosa che tanto t'è dispiaciuta.

Che se hai cagionato tu stesso sofferenza o sensazioni negative in altri non sarai forse stato per essi in quella occasione un maestro, uno strumento che ha offerto loro un seme per l'autoscoperta e la crescita? Vedi se riesci a estendere questa osservazione anche dentro di te, fino a vedere tutte queste cose come una *felix culpa*, un peccato «necessario» che porta così tanta grazia a te e al mondo.

Se ci riuscirai, il tuo cuore sarà invaso da pace, gratitudine, amore e accoglienza verso ogni singola cosa. Avrai scoperto allora ciò che la gente in ogni luogo cerca e non trova mai: cioè la sorgente prima della serenità e della gioia che sta nascosta in ogni cuore umano.

27

«Sono venuto a portare il fuoco sulla terra;
e come vorrei che fosse già acceso!»

Lc 12,49

Se vuoi scoprire che cosa significa essere felice, guarda un fiore, un uccello, un bimbo: sono le autentiche immagini del Regno. Perché essi vivono momento per momento nel loro eterno presente, che non ha né passato né futuro. A essi sono risparmiate la colpevolezza e l'ansia che tormentano così profondamente gli esseri umani e traboccano invece di una autentica gioia di vivere, che essi trovano non tanto nelle persone o nelle cose, ma nella vita in se stessa.

Finché la tua felicità sarà determinata o sostenuta da qualcosa o da qualcuno che sta al di fuori di te stesso, tu dimorerai nella terra di morte. Il giorno in cui ti sentirai felice per nessun motivo preciso, il giorno in cui ti troverai a provar gioia in tutte le cose e in nessuna in particolare, tu saprai di aver raggiunto la terra della gioia senza fine, che ha nome «il Regno».

Troverai il Regno, e con esso le cose più facili e più difficili che esistano al mondo. Facili, perché il Regno è attorno a te e dentro di te, e tutto ciò che hai da fare è tendere le mani e prenderne possesso. Difficili, perché se desideri possedere il Regno tu non potrai possedere nient'altro: dovrai cioè cancellare ogni tuo appoggiarti su persone o cose, togliendo loro per sempre il potere di turbarti, di eccitarti o di darti una sensazione di sicurezza o di benessere.

Per questo tu hai bisogno anzitutto di considerare con spietata chiarezza questa semplice e sconcertante verità. Contrariamente a quanto ti hanno insegnato la tua cultura e la tua religione, nulla, assolutamente nulla può farti felice. Nel momento in cui ti renderai conto di questo, tu smetterai di passare da un impegno a un altro, da un amico a un altro, da un luogo, da una tecnica spirituale, da un guru all'altro.

Nessuna di queste cose è in grado di procurarti un solo minuto di felicità: esse possono darti soltanto un momentaneo brivido di piacere, che all'inizio può anche crescere di intensità, ma che poi si tramuta in sofferenza se le perdi, o in noia se esse perdurano. Ripensa alle innumerevoli persone o cose che in passato ti hanno così eccitato. Che cosa avvenne in definitiva? Ogni volta finirono col procurarti sofferenza, o noia, non è vero?

È assolutamente essenziale che tu veda questo, perché altrimenti non c'è da pensare che tu riesca mai a trovare il regno della gioia.

La maggior parte della gente non è preparata a «vedere», finché non abbia sofferto ripetute disillusioni e dolori. E anche allora, solo una persona su un milione sente il desiderio di vedere. Semplicemente, vanno avanti così, bussando pateticamente alla porta delle altre creature, elemosinando, ciotola alla mano, smaniando per averne affezione, approvazione, guida, potere, onori e successo. Questo perché essi si rifiutano ostinatamente di capire che la felicità non sta in queste cose.

Se tu cerchi dentro il tuo cuore, vi troverai elementi che ti aiuteranno a capire. Vi scoprirai una scintilla di insoddisfazione e di scontento che con il favore del vento diventerà una foresta in fiamme che ridurrà in cenere tutto l'universo di illusioni nel quale stai vivendo, svelando così ai tuoi occhi stupefatti il regno nel quale sei sempre vissuto senza neppure sospettarlo.

Hai qualche volta sentito il gusto per la vita, malato nel profondo per il continuo tuo fuggire dalle paure e dalle ansietà, stanco del tuo questuare, esausto per essere rimorchiato impotente dai tuoi legami e dalle tue schiavitù? Hai mai sentito la radicale insignificanza del tuo lavorare per una promozione, per trovare un impiego, per poi adagiarti in una vita di noia, o, se tu sei un «arrampicatore», sistemarti in una vita di totale disordine emozionale determinato dalle cose dietro cui corri?

Se hai avuto di queste sensazioni (e non v'è essere umano che ne sia esente), la divina fiamma dello scontento s'è accesa nel tuo cuore. È il momento di alimentarla, prima che venga smorzata dalla routine della vita. È questa la santa stagione nella quale tu semplicemente devi trovare il tempo per uscire da te stesso: devi guardare alla tua vita, devi dar modo a quella fiamma di crescere e crescere, e, ciò facendo, devi impedire a qualsiasi cosa di distrarti da questo impegno.

È giunto il momento di renderti conto che assolutamente nulla, al di fuori di te, ti può recare una gioia duratura. Quando te ne sarai reso conto, tu noterai che nel tuo cuore s'insinua una paura: paura che, se permetti alla insoddisfazione di prendere piede nel tuo animo, essa si trasformi in una devastante passione che ti afferra e ti fa rivoltare contro tutto ciò che la tua cultura e la tua religione hanno caro, contro tutto un modo di pensare e di sentire e di vedere che esse con un lavaggio del cervello ti hanno fatto accettare.

Questo turbine divorante arriverà non soltanto a scuotere la tua nave ma addirittura a ridurla in cenere. Immediatamente ti troverai in un mondo totalmente altro, infinitamente lontano dal mondo della gente che sta attorno a te, perché tutte le cose che agli altri sono care, tutte le cose che essi ardentemente desiderano – onori, potere, approvazioni, sicurezza, salute – vengono considerate per la fetida spazzatura che esse sono, cose che trasudano ripugnanza e schifo.

E tutto ciò da cui gli altri rifuggono non farà più paura a te. Tu sei diventato sereno, senza paure e libero, perché hai fatto un passo fuori dal tuo mondo irrisorio, verso il Regno.

Non confondere però questa divina insoddisfazione con lo sconforto e la disperazione che talvolta portano la gente alla pazzia e al suicidio.

Quella non è la mistica strada verso la vita ma un sentiero di nevrosi che conduce all'autodistruzione. Non confondere questa insoddisfazione con il piagnisteo di quelli che non sanno fare altro che lamentarsi continuamente di tutto. Questi individui non sono dei mistici ma piuttosto degli eterni scontenti che si agitano per ottenere un miglioramento delle condizioni di vita nella prigione, mentre quello di cui avrebbero bisogno sarebbe di catapultarsi fuori dalla prigione verso la libertà.

La maggior parte della gente, quando avverte questa frustrazione e questo scontento dentro il cuore, reagisce in uno di questi due modi: o vi sfuggono drogandosi con una febbricitante corsa al lavoro, alla vita di società e all'amicizia; oppure si danno ad attività sociali, alla letteratura, alla musica, alle cosiddette ricerche creative che hanno come effetto di farli accontentare di riforme quando invece ci vorrebbe una rivoluzione. Questi individui, pur immersi in quella che essi chiamano vita attiva, non sono realmente vivi: sono morti, e per di più soddisfatti di dimorare nella terra dei morti.

Un *test* per verificare se la tua insoddisfazione è di origine divina consiste nel verificare se in essa vi siano o non vi siano tracce di tristezza o di amarezza. La tua insoddisfazione verrà da Dio se sarà perennemente accompagnata alla gioia, alla gioia del Regno. Anche se spesso farà sorgere nel tuo cuore il timore.

Ripensiamo alla parabola evangelica del Regno. Il Regno è simile a un tesoro sepolto in un campo. L'uomo che lo ha scoperto lo rimette sotterra, poi tutto contento va a vendere tutto ciò che ha e compra quel campo.

Se tu non hai ancora trovato il tesoro, non perdere il tuo tempo a cercarlo. Il tesoro si può trovare ma non si può cercare, perché tu non hai la minima idea di che cosa sia questo tesoro. Ciò che ti è abituale è solo la drogata felicità della tua esistenza presente. Che cosa puoi cercare, perciò? E dove? Cerca piuttosto nel tuo cuore la scintilla della insoddisfazione, e cura questa fiamma perché diventi un incendio furioso, finché il tuo mondo venga ridotto dal fuoco a un mucchio di macerie.

Giovani o vecchi, la maggior parte di noi viviamo scontenti semplicemente perché desideriamo qualcosa: più conoscenza, un impiego migliore, un'auto più bella, uno stipendio più alto. La nostra scontentezza nasce dal nostro desiderio di un «di più». Ma io non intendo parlare di questo tipo di scontentezza. È il desiderio del «di più» che impedisce di pensare con chiarezza. Se invece noi siamo insoddisfatti non perché desideriamo qualcosa di preciso (insoddisfatti del nostro impiego, insoddisfatti del nostro affannarci per il denaro, del nostro correre dietro una posizione o un potere, insoddisfatti della tradizione, di quello che abbiamo e di quello che potremmo avere), se siamo scontenti – dicevo – non per qualcosa in particolare ma per ogni cosa, allora io credo che la nostra scontentezza ci porterà chiarezza. Quando noi non ci accontentiamo di accettare o di seguire tutto a occhi chiusi, ma mettiamo in questione, indaghiamo, approfondiamo, allora c'è una percezione, e da questa derivano creatività e gioia.

La maggior parte delle volte, la scontentezza che tu provi deriva dal non avere abbastanza di qualcosa. Sei scontento perché credi di non avere abbastanza denaro o potere, o successo, o fama, o virtù, o amore, o santità. Non è questo lo scontento che porta alla gioia del Regno. Quando l'origine della insoddisfazione è l'avidità, l'ambizione, i suoi frutti sono l'agitazione e la frustrazione. Il giorno in cui sarai scontento non perché ti manca questo o quello ma perché ti manca un qualcosa che non sai neppure precisare; il giorno in cui ne avrai realmente abbastanza di tutto ciò che hai inseguito finora e ne avrai abbastanza dello stesso inseguire, allora nel tuo cuore si farà una grande chiarezza, una visione interiore che misteriosamente farà sì che tu goda di ogni cosa e di nessuna cosa.

28

«Perciò vi dico:
per la vostra vita non affannatevi...
Guardate gli uccelli del cielo...,
osservate come crescono i gigli del campo...»

Mt 6,25 e 26 e 28

Tutti provano, prima o poi, sensazioni di quella che si dice «insicurezza»: ti senti insicuro della quantità di denaro che hai in banca, o della quantità di amore che stai ricevendo dalle tue amicizie, o del tipo di educazione che hai avuto. Oppure provi insicurezza riguardo alla tua salute o alla tua età o al tuo aspetto fisico.

Se tu domandassi a te stesso: «Cos'è che mi rende insicuro?», quasi sicuramente ti daresti una risposta sbagliata. Potresti infatti rispondere: «Non ricevo abbastanza amore da un amico», oppure: «Non ho la preparazione intellettuale di cui avrei bisogno», o qualcosa di simile. In altre parole, addosseresti la colpa a qualcosa di esterno a te, senza renderti conto che i nostri sensi di insicurezza non sono generati da qualcosa che sta fuori di noi, ma esclusivamente dalla nostra pianificazione emozionale, da qualcosa che noi diciamo a noi stessi dentro il nostro cervello.

Se tu cambiassi la tua pianificazione mentale, la tua sensazione di insicurezza svanirebbe in un

momento, anche se tutte le cose del mondo esterno restassero tali quali erano prima. Uno si sente
perfettamente al sicuro senza il becco di un quat-
trino in banca; un'altra persona si sente insicura
anche se è milionaria: la differenza non sta nella
diversa somma di denaro ma nella loro differente
pianificazione mentale. Una persona non ha nessun amico, eppure si sente perfettamente sicura,
immersa nell'amore di tutta la gente; un'altra si
sente insicura anche al centro di tutte le sue relazioni più possessive ed esclusive. La differenza,
anche qui, sta nella pianificazione mentale.

Se vuoi dominare questi sensi di insicurezza, ci
sono quattro fatti che devi studiare bene e ap-
profondire.

Primo, è inutile voler dominare questa insicurezza cercando di cambiare le cose fuori di te. I
tuoi sforzi possono avere successo, ma solo in minima parte; possono recarti qualche sollievo, ma
sarà un sollievo di breve durata. Non vale la pena
perciò di sprecare energie e tempo nel cercare di
mettere a punto il tuo aspetto fisico o nel guadagnare più denaro o nell'assicurarti più amore da
parte dei tuoi amici.

Secondo, questo fatto ti porterà ad affrontare il
problema dove esso realmente si trova, cioè nella
tua testa. Pensa a quanta gente nella tua stessa
identica situazione attuale non proverebbe la minima insicurezza. C'è della gente così. Perciò il
problema non viene dalla realtà esterna a te ma
da te stesso, dalla tua pianificazione.

Terzo, devi tener presente che questi programmi sono stati inseriti dentro di te da gente insicura, la quale, quando tu eri molto piccolo e impressionabile, con il loro comportamento e con le loro reazioni paniche ti ha insegnato che ogni qual volta il mondo esterno non collima con un certo modello, si deve creare dentro di te uno scompiglio emozionale, chiamato insicurezza, e tu devi fare quanto ti è possibile per riorganizzare in maniera diversa il mondo esterno: devi guadagnare più soldi, devi procurarti più sicurezze, devi calmare e compiacere la gente che hai offeso, eccetera eccetera, perché i tuoi sensi di insicurezza scompaiano. Appena tu ti rendi conto che non ha affatto bisogno di fare tutto questo, che ciò facendo non risolveresti niente e che lo scompiglio emozionale è causato soltanto da te e dalla tua cultura, solamente quando ti rendi conto di tutto questo il problema si vanifica e tu provi un reale sollievo.

Quarto, ogni qual volta sei insicuro su ciò che ti potrebbe accadere in futuro, ricordati di questo: negli ultimi sei mesi dell'anno appena trascorso tu ti sentivi terribilmente insicuro riguardo ad avvenimenti che quando poi si sono verificati li hai in qualche modo dominati. E ciò grazie alle energie che quel particolare momento ha suscitato in te, non già grazie alle precedenti preoccupazioni, le quali ti han solo fatto soffrire inutilmente e ti hanno indebolito emozionalmente. Perciò ripeti a te stesso: «Se c'è qualcosa che posso fare ora riguardo al mio futuro, io lo farò. Per ora, lascio che tutto vada come va, e mi godo il momento presente, perché l'esperienza della mia vita mi ha insegnato che io posso influire sulle cose soltanto quando queste si presentano, non prima. E ho pure imparato che il presente mi dà sempre le risorse e l'energia di cui ho bisogno per affrontarlo».

La scomparsa totale dei sensi di insicurezza si avrà soltanto quando avrai quella benedetta capacità degli uccelli del cielo e dei fiori del campo di vivere pienamente, momento per momento, nel presente, per quanto insopportabile questo possa apparire. Ciò che veramente è insopportabile è ciò che tu pensi stia per accaderti entro cinque ore o entro cinque giorni, e quelle frasi che continui a ripeterti, frasi come queste: «Questo è terribile», «Questo è insopportabile», «Ma quanto durerà tutto questo?». E simili. Gli uccelli e i fiori son più fortunati degli esseri umani perché non hanno idea del futuro, non hanno parole nella loro testa, non hanno paura di ciò che i loro simili possono pensare di loro. Per questo sono così perfette immagini del Regno.

Non essere perciò in ansia per il domani, perché il domani penserà a se stesso: ogni giorno ha abbastanza dei propri fastidi. Fissa il tuo spirito sul regno di Dio prima di ogni altra cosa, e tutto il resto ti sarà dato in aggiunta.

29

«Chi avrà trovato la sua vita, la perderà,
e chi avrà perduto la sua vita per causa mia,
la troverà.»

Mt 10,39

C'è un fatto sul quale è importante soffermarsi: coloro che più temono di morire sono proprio quelli che più temono di vivere, e cercando di sfuggire alla morte queste persone si precludono alla vita.

Immagina un uomo che viva in una soffitta, in un buco senza luce e con poca aria. Ha paura di scendere le scale, perché ha sentito di gente che proprio scendendo le scale è caduta e s'è rotta l'osso del collo. Quest'uomo non si azzarderebbe mai ad attraversare una strada perché sa che migliaia di persone sono state travolte proprio mentre attraversavano una strada. Naturalmente, un uomo così, se ha paura ad attraversare una strada, non potrà avere il coraggio di attraversare un oceano, o un continente, o di passare da un mondo di idee a un altro.

Quest'uomo vive nel suo buco di soffitta nel tentativo di sfuggire alla morte: ma così facendo non s'impedisce forse, contemporaneamente, di vivere?

Che cos'è la morte? Una perdita, uno scomparire, un dimettersi, un dire addio. Quando ti aggrappi a qualcosa o a qualcuno, quando non accetti di perdere cose o persone, quando ti rifiuti di dire addio, tu lo fai per opporti alla morte. Ma così facendo, anche senza accorgertene, tu ti opponi, tu resisti anche alla vita.

Perché mentre la vita è movimento, tu ti sei bloccato; mentre la vita scorre, tu ristagni; mentre la vita è flessibilità, tu ti sei fossilizzato, sei gelido; mentre la vita trascina nel suo fluire tutte le cose, tu aneli con tutto te stesso alla stabilità e alla continuità.

Tu così facendo dimostri terrore della vita assieme al terrore della morte, perché ti attacchi a essa. Quando invece non sei ancorato a nulla, quando non hai alcuna paura di perdere alcunché, allora sei libero di fluire come un ruscello di montagna sempre fresco e spumeggiante e vivo.

Ci sono individui che non sopportano di perdere un parente o un amico e non ne sopportano neppure il pensiero. Oppure hanno paura a mettere in discussione o ad abbandonare una teoria, una ideologia o una opinione cui sono affezionati; oppure sono convinti di non riuscire a vivere senza questa o quella persona, luogo o cosa che reputano indispensabile.

Vuoi un metro per avere la misura della tua rigidità, della tua necrosi? Osserva quanto è acuta la tua lacerazione quando sei costretto a rinunciare a una tua idea, quando perdi una persona o una cosa cui eri attaccato. Il dolore e la sofferenza tradiscono la tua angoscia, non è vero?

Come mai ti affliggi così profondamente per la morte di una persona che amavi o per la fine di una amicizia? Tu non ti sei mai fermato a considerare seriamente che tutte le cose cambiano, passano e hanno un termine: perciò la morte, la perdita e la separazione ti prendono di sorpresa. Tu preferisci vivere nella angusta soffitta delle tue illusioni, pretendendo che le cose non cambino mai, che restino sempre uguali a se stesse. Ecco perché quando la vita esplode a frantumare le tue fragili illusioni tu provi un così lancinante dolore.

Per poter vivere devi guardare in faccia la realtà, e allora svanirà la tua paura di perdere le persone e si svilupperà un gusto per la novità, per il cambiamento e il non programmato. Perderai la tua paura per la fine delle cose conosciute e sarai continuamente in attesa di tutto ciò che non ti è familiare e darai il benvenuto a tutto ciò che ti è sconosciuto.

Se è la vita che tu cerchi, questo esercizio, che potrebbe anche risultarti penoso, se sarai in grado di farlo ti compenserà con un arricchimento di libertà.

Chiediti se esiste qualcuno o qualcosa la cui perdita ti causerebbe dolore. Forse tu sei una di quelle persone che non sopportano neppure di pensare alla morte o alla perdita di un genitore, di un amico, di un'amica. Se è così – e nella misura in cui è così –, tu sei morto.

Ciò che devi fare è affrontare subito, fin d'ora, la morte, la perdita, la separazione dalle cose e dalle persone amate.

Prendi queste persone e queste cose una alla volta, e immaginale morte, o perse, o separate da te per sempre, e dentro di te di' loro addio; di' a ognuna di esse: «Grazie, e addio». Ne sentirai dolore ma constaterai che è scomparso l'attaccamento. E allora nella parte cosciente del tuo spirito emergerà qualcosa d'altro, una solitudine che dilagherà sempre più, fino ad acquistare la stessa vastità del cielo.

In questa solitudine sta la libertà. In questa solitudine è la vita. In questa assenza di legami si radicherà la volontà di scorrere in avanti, di godere, di gustare e di gradire ogni momento della vita, la quale ora diventa sempre più appetibile, perché libera dall'ansia, dalla tensione e dall'incertezza, libera da quella paura di abbandono e di morte che sempre si accompagna al desiderio di continuità e di possesso.

30

«La lucerna del tuo corpo è l'occhio...
Se il tuo occhio è malato,
anche il tuo corpo è nelle tenebre.»

Lc 11,34

Noi pensiamo forse che il mondo potrebbe essere salvato se solo si riuscisse a immettervi in misura copiosa la buona volontà e la tolleranza. Si tratta di un'idea falsa. Il mondo non sarà salvato né dalla buona volontà né dalla tolleranza ma dalla chiarezza di pensiero. Di che utilità può risultare infatti che tu sia tollerante verso gli altri se poi sei intimamente convinto che la ragione sia dalla tua parte e che chiunque ti dà torto si sbaglia? Questa non è tolleranza: questa è semplicemente condiscendenza, acquiescenza. E questo non porta all'unione dei cuori ma alla divisione, perché tu sei quello che sta su, gli altri quelli che stanno giù, e questa posizione può generare soltanto un senso di superiorità in te e un senso di risentimento in chi ti sta intorno, e in questa maniera si alimenta ancor più l'intolleranza.

L'autentica tolleranza nasce esclusivamente da una nitida coscienza della abissale ignoranza da cui siamo irrimediabilmente tutti inquinati quando è in gioco la verità.

Perché la verità è essenzialmente mistero. Lo spirito può averne sentore, ma non è in grado di afferrarla, tanto meno di esprimerla a parole. Le nostre strutture mentali possono indicarcela, incanalare verso di essa la nostra attenzione, ma non riescono a tradurla in espressioni verbali.

Ciònonostante, tutti parlano con passione del «valore del dialogo»; ma a che cosa si riduce questo dialogo? Nel caso peggiore, il «dialogo» altro non è che una maschera con la quale si cerca di convincere l'altra persona della probità della nostra posizione; nel migliore dei casi, il «dialogo» ci salva dal divenire una rana nella nostra pozza d'acqua, una rana che pensa che in quella pozza consista tutto il mondo possibile.

Che cosa succede quando diverse rane da diversi stagni si riuniscono per scambiarsi le proprie esperienze e le proprie convinzioni? Succede che il loro orizzonte si allarga sì fino ad abbracciare l'esistenza di altre rane diverse da loro, ma ciònonostante esse non arrivano a farsi la minima idea di un oceano di verità che non può essere racchiuso entro le sponde di uno stagno mentale. E così le nostre povere ranocchie continuano nelle loro divisioni... e continuano a parlare di «mio» e di «tuo», della «tua» esperienza, delle «tue» convinzioni, della «tua» ideologia e della «mia». Il mettere in comune le formule non arricchirà mai coloro che lo fanno, perché le formule, come le sponde dello stagno, non fanno altro che dividere: solo l'oceano illimitato riunisce.

Ma per raggiungere questo oceano di verità che

non conosce sponde è essenziale avere il dono della chiarezza di pensiero.

Che cos'è questa lucidità di pensiero, e come vi si arriva?

La prima cosa che devi sapere è questa: non è indispensabile aver imparato molte cose. Un pensiero chiaro è così semplice che può essere raggiunto anche da un ragazzino di dieci anni. Ciò che si richiede non è già l'imparare bensì, al contrario, il disimparare; non ci vuole talento, ci vuole coraggio.

Per capire questo concetto pensa a un bambino tra le braccia di un'anziana brutta domestica. Il bambino è troppo piccolo per avere già in testa i pregiudizi degli adulti, perciò quando si rannicchia tra le braccia di quella donna egli non si basa su etichette elaborate dal suo cervello; non si basa su etichette come «donna bianca», «donna negra», «brutta», «graziosa», «vecchia», «giovane», «madre», «serva», ma sulla realtà. Quella donna risponde al suo bisogno di amore: è questa la realtà che muove il bambino, non il nome della donna, la sua figura, la sua religione, la sua razza o la sua setta. Queste sono cose per lui totalmente irrilevanti. Il bambino non ha ancora opinioni o pregiudizi.

È questo l'ambito nel quale si può realizzare la lucidità del pensiero. E per raggiungerla, bisogna scartare tutto ciò che si è imparato e riacquistare lo spirito del bambino, che è ancora immune da passate esperienze e dalle pianificazioni che ci precludono così radicalmente la via a guardare in faccia la realtà.

Scruta dentro te stesso ed esamina le tue reazioni di fronte alle persone e alle situazioni, e ti spaventerai nel constatare le prevenzioni che stanno alle spalle delle tue reazioni. Non è quasi mai la concreta realtà di questa persona o di questa cosa ciò a cui tu reagisci. Tu rispondi a princìpi, a ideologie, a tutto un sistema di opinioni politiche, economiche, religiose e psicologiche; tu rispondi a idee preconcette e a pregiudizi, siano essi positivi o negativi. Affrontali uno per volta – persona, cosa o situazione – e cerca di scoprire i pregiudizi che creano barriera tra la realtà che ti sta di fronte e le tue percezioni programmate e le tue proiezioni. Questo esercizio ti arrecherà una rivelazione così... divina che neanche le Scritture saprebbero fornirtela.

Pregiudizi e idee preconcette non sono gli unici nemici del chiaro pensare. Ce n'è un altro paio, e sono il desiderio e la paura. Per acquisire un pensiero che non sia contaminato da emozioni quali il desiderio, la paura e l'interesse egoistico, si richiede un ascetismo così severo che può spaventare. In genere noi pensiamo, erroneamente, che il nostro modo di pensare sia frutto del nostro cervello; esso invece è frutto del cuore, il quale è sempre il primo a imporre le conclusioni, ingiungendo poi alla mente di fornire il ragionamento che le difenda. E hai qui un'altra fonte di divina rivelazione. Esamina alcune delle conclusioni cui sei pervenuto, e vedi quanto esse sono contaminate dall'interesse. Ciò è vero per ogni conclusione, a meno che tu la sostenga solo provvisoriamente. Pensa per esempio alla tenacia con la quale sostieni le tue conclusioni riguardo alla gente: questi tuoi giudizi sono completamente liberi dalle emozioni? Se credi di sì, probabilmente è perché non ti sei ancora esaminato abbastanza in profondità.

Siamo di fronte a quella che è la maggiore causa di discordie e di divisioni tra le nazioni e gli individui. I tuoi interessi non coincidono con i miei, così come i tuoi pensieri e le tue conclusioni non collimano con i miei. Quanto pochi individui conosci il cui modo di pensare sia almeno qualche volta contrario ai loro interessi!? Quante volte ricordi di esserti tu stesso impegnato in un simile genere di pensieri? Quante volte sei riuscito ad alzare una barriera invalicabile tra un pensiero che prende piede nella tua mente e le paure e i desideri che agitano il tuo cuore? Ogni volta che cercherai di riuscirci, capirai che ciò di cui ha bisogno la lucidità di pensiero non è l'intelligenza – sarebbe troppo facile – ma un coraggio che sconfigga le paure e i desideri, perché nel momento in cui tu desideri o temi qualcosa, il tuo cuore, consciamente o meno, si frappone come un ostacolo sulla strada del tuo pensiero.

Sono considerazioni da giganti dello spirito, gente arrivata a capire che per trovare la verità c'è bisogno non di formulazioni teoriche, ma di un cuore capace di spogliarsi della propria pianificazione e dei propri interessi ogni volta che il pensiero si elabora; un cuore che non abbia nulla da proteggere e nulla da desiderare, un cuore perciò che lascia libero lo spirito di fare la sua strada, sciolto dalle catene, senza paure e libero, alla ricerca della verità; un cuore sempre pronto ad accettare una nuova evidenza e a cambiare le proprie visuali.

Un cuore così diventa allora una «lucerna» che scaccia le tenebre da tutto il corpo dell'umanità. Se ogni essere umano fosse dotato di un cuore così, nessuno più etichetterebbe se stesso come «comunista» o «capitalista», «cristiano» o «musulmano» o «buddhista». La lucida chiarità della loro visione rivelerebbe loro che tutti i pensieri, tutti i preconcetti, tutte le credenze sono lucerne cariche di tenebre, nient'altro che segni della loro ignoranza.

E in questa conoscenza, le mura che dividono i loro rispettivi stagni crollerebbero, aprendo varchi all'oceano che unisce tutti i popoli nella verità.

31

*«Perciò anche voi siate pronti,
perché nell'ora che non immaginate,
il Figlio dell'uomo verrà.»*

Mt 24,44

Presto o tardi, in ogni spirito umano si fa strada un desiderio di santità e di spiritualità, un desiderio di Dio, chiamalo come vuoi... I mistici ci parlano di un «divino» che sta tutt'intorno a noi, a portata di mano, e che renderebbe significativa e bella e ricca la nostra vita, se solo sapessimo scoprirlo. La gente ne ha una qualche vaga idea, e per riuscire a capire che cosa occorra fare per raggiungere questa vaga entità chiamata Santità o Spiritualità si sfogliano libri e si va a lezione dai guru. E ci s'impegna con i più svariati metodi, tecniche, pratiche spirituali, formule; e alla fine, dopo anni di inutili tentativi, ci si ritrova scoraggiati e disorientati a domandarsi in che cosa si è sbagliato. E generalmente si dà la colpa a se stessi, convincendosi che se si fossero praticate le tecniche con la necessaria regolarità, con maggiore diligenza e generosità, si sarebbe pervenuti a un buon esito.

Ma quale esito? Nessuno ha un'idea chiara di che cosa sia questa santità di cui si va alla ricerca, e resta la sensazione che la vita continui a dipanarsi in uno stato di confusione, persiste nell'animo una nebbia di ansietà, di incertezze e di timori e si continua a vedere se stessi permalosi e inflessibili, possessivi e drastici verso il prossimo. E così ci si ributta a corpo morto, con rinnovato vigore, negli sforzi e nelle fatiche che si credono indispensabili per raggiungere ciò che si vuole raggiungere.

Queste persone non si sono mai soffermate a considerare questo semplice fatto: i loro sforzi sono su una strada che non ha uscita, i loro sforzi anzi peggiorano soltanto le cose, come si peggiorano quando si usa il fuoco per spegnere il fuoco. Lo sforzo non produce crescita; lo sforzo – qualunque forma assuma: forza di volontà, abitudine, tecnica, pratica spirituale – non porta ad alcuna trasformazione. Può al massimo condurre a una forma di repressione o arrecare un puro palliativo per una malattia che sta nelle radici.

Lo sforzo e la tensione possono trasformare un atteggiamento, non trasformano la persona. Pensa quale mentalità tu manifesti involontariamente quando domandi: «Che devo fare per conquistare la santità?». Non è forse come domandarsi: «Quanto denaro devo spendere per comprarmi la tal cosa?», «Quanti sacrifici devo compiere?», «A quale disciplina dovrò sobbarcarmi?», «Quale tipo di meditazione devo fare per arrivarci?». Pensa a un uomo che vuole conquistarsi l'amore di una donna e perciò cerca di migliorare la propria immagine, o di «modellarsi» un fisico migliore, o di rendere più gradito il proprio comportamento e più efficaci le tecniche concrete di adescamento. Tu conquisti realmente l'amore degli altri non con le pratiche che puoi esercitare ma con la realtà di te stesso come persona. E a questo non si arriva mai attraverso sforzi o tecniche.

E così è per la Spiritualità e la Santità: non è ciò che fai che te le porta: esse non sono un soprammobile che uno può acquistare o un premio che uno può meritarsi. Ciò che interessa è ciò che tu sei, ciò che sei in grado di diventare.

La santità non è una conquista, la santità è una Grazia.

Una Grazia chiamata «Conoscenza», una Grazia che è «guardare», «osservare», «capire». Se tu accettassi di accendere la luce della conoscenza e osservassi te stesso e ogni cosa che ti sta intorno nella vita di ogni giorno; se ti vedessi riflesso nello specchio della conoscenza nel modo in cui tu vedi la tua faccia riflessa in uno specchio (cioè accuratamente, nitidamente, esattamente come essa è) senza la minima distorsione o aggiunta; se tu ti osservassi così riflesso, senza emettere alcun giudizio o alcuna condanna, tu ti accorgeresti di quali meravigliosi cambiamenti avvengono in te.

Tu però non avrai modo di controllare questi cambiamenti, non li potrai pianificare in anticipo, come non potrai decidere quando e come devano verificarsi. Solo questa conoscenza che non giudica è in grado di risanare e trasformare e far crescere. Però alla sua maniera e a suo tempo.

Di che cosa esattamente devi prendere accurata

conoscenza? Delle tue reazioni e delle tue relazioni. Ogni volta che ti trovi in presenza di una persona o di una cosa, di qualunque natura esse siano, e in qualsiasi situazione, hai infinite diverse reazioni, sia positive sia negative. Studia queste reazioni, osserva che cosa esattamente esse sono e da dove provengono, ma senza volerti fare delle prediche o colpevolizzarti, senza neppure desiderare checchessia, tanto meno sforzarti a cambiarle. Questo (e solo questo) è quanto si richiede da te perché la santità muova i primi passi.

Ma, dirai tu, non è già questa conoscenza stessa uno sforzo? No, se l'hai gustata almeno una volta. Perché allora capirai che la conoscenza è gioia, la gioia del bambino che esce pieno di stupore alla scoperta del mondo. Perché anche quando la conoscenza discopre cose spiacevoli dentro di te, essa arreca sempre liberazione e gioia.

A questo punto ti renderai conto che una vita inconsapevole non è degna di essere vissuta, perché troppo intrisa di tenebre e di sofferenze.

Se all'inizio ti senti pigro nel realizzare questa conoscenza, non forzare te stesso, perché ciò creerebbe di nuovo tensione. Sii semplicemente consapevole della tua pigrizia, così, senza alcun giudizio o condanna. Capirai allora che la conoscenza implica tanta tensione quanta ne ha un amante che deve andare dalla amata, o lo sforzo che fa un affamato nel portarsi alla bocca il suo pane, o la tensione che spinge un alpinista a raggiungere la vetta della sua montagna preferita: un'enorme energia sì, una enorme difficoltà sì, ma non sforzo, non tensione. Tutto diventa quasi un gioco! In altre parole, la conoscenza è un'attività che si svolge senza sforzo, senza tensioni.

La conoscenza ti porterà quella santità che desideri? Sì e no.

Il fatto è che tu non lo potrai mai verificare. Perché la santità autentica, quella che non è raggiungibile attraverso sforzi e tecniche e repressione, è completamente inconsapevole di se stessa. Se c'è in te, tu non ne hai la minima coscienza. Di più: tu non te ne darai minimamente pensiero, perché sarà caduta anche l'ambizione di essere santo, dal momento che vivrai momento per momento un'esistenza che la conoscenza ha reso piena e felice e trasparente.

Per te è sufficiente stare con gli occhi aperti e sveglio. Perché in questo stato i tuoi occhi vedranno il Salvatore.

Nient'altro, assolutamente nient'altro ti interesserà: né la sicurezza, né l'amore, né le proprietà, né la bellezza, né il potere, e neppure la santità.

Indice

7   *Presentazione*

13   1 «Quale vantaggio avrà l'uomo se guadagnerà il mondo intero e poi perderà la propria anima?» (Mt 16,26)

17   2 «Se uno viene a me e non odia suo padre, sua madre, la moglie, i figli, i fratelli, le sorelle e perfino la propria vita, non può essere mio discepolo.» (Lc 14,26)

23   3 «A chi ti vuol chiamare in giudizio per toglierti la tunica, tu lascia anche il mantello. E se uno ti costringerà a fare un miglio, tu fanne con lui due.» (Mt 5,40 e 41)

29   4 «Il giovane se ne andò afflitto perché aveva molti beni.» (Mc 10,22)

35   5 «È più facile che un cammello passi per la cruna di un ago che un ricco entri nel regno di Dio.» (Mc 10,25)

39   6 «Le volpi hanno le loro tane e gli uccelli del cielo i loro nidi, ma il Figlio dell'uomo non ha dove posare il capo.» (Mt 8,20)

43   7 «Il padrone di casa, irritato, disse al servo: "Esci subito per le piazze e per le vie della città e conduci qui poveri, storpi, ciechi e zoppi".» (Lc 14,21)

47   8 «Io sono venuto in questo mondo per giudicare, perché coloro che non vedono vedano e quelli che vedono diventino ciechi.» (Gv 9,39)

53   9 «Convertitevi, perché il regno dei cieli è vicino.» (Mt 4,17)

57 10 «Maestro, che cosa devo fare di buono per ottenere la vita eterna?» (Mt 19,16)

61 11 «Gli si avvicinarono i suoi discepoli per fargli osservare le costruzioni del tempio. Gesù disse loro: "Vedete tutte queste cose? In verità vi dico, non resterà qui pietra su pietra che non venga diroccata".» (Mt 24,1 e 2)

67 12 «Quando tu fai l'elemosina, non sappia la tua sinistra ciò che fa la tua destra.» (Mt 6,3)

71 13 «Siate prudenti come i serpenti e semplici come le colombe.» (Mt 10,16)

75 14 «Il regno dei cieli soffre violenza e i violenti se ne impadroniscono.» (Mt 11,12)

81 15 «Essi gli dissero: "Maestro, sappiamo che parli e insegni con rettitudine e non guardi in faccia a nessuno".» (Lc 20,21)

85 16 «Ma voi non fatevi chiamare "rabbi", perché uno solo è il vostro maestro, e voi siete tutti fratelli.» (Mt 23,8)

91 17 «In verità vi dico: se non vi convertirete e non diventerete come i bambini, non entrerete nel regno dei cieli.» (Mt 18,3)

95   18 «Questo è il mio comandamento: che vi amiate gli uni gli altri, come io vi ho amati.» (Gv 15,12)

99   19 «Nessuno che ha messo mano all'aratro e poi si volge indietro, è adatto per il regno di Dio.» (Lc 9,62)

105   20 «Ma a voi che ascoltate io dico: "Amate i vostri nemici, fate del bene a coloro che vi odiano".» (Lc 6,27)

109   21 «I farisei dicevano ai suoi discepoli: "Perché il vostro maestro mangia insieme con i pubblicani e i peccatori?".» (Mt 9,11)

115   22 «Beati quei servi che il padrone al suo ritorno troverà ancora svegli.» (Lc 12,37)

119   23 «Congedata la folla, Gesù salì sul monte, solo, a pregare.» (Mt 14,23)

125   24 «Non giudicate, per non essere giudicati.» (Mt 7,1)

129   25 «Se la tua mano ti scandalizza, tagliala: è meglio per te entrare nella vita monco che con due mani andare nella Geenna... Se il tuo occhio ti scandalizza, cavalo: è meglio per te entrare nel regno di Dio con un occhio solo che essere gettato con due occhi nella Geenna.» (Mc 9,43 e 47)

137   26 «Non bisognava che il Cristo sopportasse queste sofferenze per entrare nella sua gloria?» (Lc 24,26)

141   27 «Sono venuto a portare il fuoco sulla terra; e come vorrei che fosse già acceso!» (Lc 12,49)

149   28 «Perciò vi dico: per la vostra vita non affan-

natevi... Guardate gli uccelli del cielo..., osservate come crescono i gigli del campo...»
(Mt 6,25 e 26 e 28)

153 29 «Chi avrà trovato la sua vita, la perderà, e chi avrà perduto la sua vita per causa mia, la troverà.» (Mt 10,39)

157 30 «La lucerna del tuo corpo è l'occhio... Se il tuo occhio è malato, anche il tuo corpo è nelle tenebre.» (Lc 11,34)

163 31 «Perciò anche voi siate pronti, perché nell'ora che non immaginate, il Figlio dell'uomo verrà.» (Mt 24,44)

I libri di Anthony de Mello
pubblicati presso Paoline Editoriale Libri

Il canto degli uccelli
Un minuto di saggezza
Alle sorgenti
La preghiera della rana (vol. I)
La preghiera della rana (vol. II)
Sàdhana
L'incontro con Dio
Shock di un minuto
Il canto dell'usignolo

I MITI

John Grisham, *Il Socio*
G. García Márquez, *Dell'amore e di altri demoni*
Kuki Gallmann, *Sognavo l'Africa*
Erich Fromm, *L'arte di amare*
Ken Follett, *I pilastri della terra*
Wilbur Smith, *Sulla rotta degli squali*
Rosamunde Pilcher, *Settembre*
Leo Buscaglia, *Vivere, amare, capirsi*
Dominique Lapierre, *La città della gioia*
Thomas Harris, *Il silenzio degli innocenti*
Peter Høeg, *Il senso di Smilla per la neve*
Italo Calvino, *Il barone rampante*
Danielle Steel, *Star*
Stefano Benni, *Bar Sport*
Luciano De Crescenzo, *Storia della filosofia greca*
Giovanni Paolo II, *Varcare la soglia della speranza*
Patricia Cornwell, *Postmortem*
Sveva Casati Modignani, *Il Cigno Nero*
Jack Kerouac, *Sulla strada*
Hermann Hesse, *Narciso e Boccadoro*
Terry Brooks, *La Spada di Shannara*
Alberto Bevilacqua, *I sensi incantati*
Andrea De Carlo, *Due di due*
Scott Turow, *Presunto innocente*
Marcello D'Orta, *Io speriamo che me la cavo*
G. García Márquez, *Cent'anni di solitudine*
Giorgio Forattini, *Andreácula*
George Orwell, *La fattoria degli animali*

Marco Lombardo Radice, Lidia Ravera, *Porci con le ali*
Erich Fromm, *Avere o essere?*
Ernest Hemingway, *Il vecchio e il mare*
John Grisham, *L'uomo della pioggia*
Hermann Hesse, *Il lupo della steppa*
P.D. James, *Sangue innocente*
Sidney Sheldon, *Padrona del gioco*
Stephen King, *Il gioco di Gerald*
Ezio Greggio, *Presto che è tardi*
Enrico Brizzi, *Jack Frusciante è uscito dal gruppo*
Kuki Gallmann, *Notti africane*
Patricia Cornwell, *Insolito e crudele*
Barbara Taylor Bradford, *La voce del cuore*
Francis Scott Fitzgerald, *Il grande Gatsby*
Ken Follett, *Un luogo chiamato libertà*
Stefano Zecchi, *Estasi*
Sebastiano Vassalli, *La chimera*
Dean Koontz, *Il fiume nero dell'anima*
Alberto Bevilacqua, *L'Eros*
Luciano De Crescenzo, *Il dubbio*
John le Carré, *La passione del suo tempo*
Robert James Waller, *I ponti di Madison County*
Rosamunde Pilcher, *I cercatori di conchiglie*
Aldo Busi, *Seminario sulla gioventù*
Susanna Tamaro, *Va' dove ti porta il cuore*
Stephen King, *Misery*
Gabriel García Márquez, *Cronaca di una morte annunciata*
Patricia Cornwell, *La fabbrica dei corpi*
Luciano De Crescenzo, *Panta rei*
David B. Ford, *Il potere assoluto*
Robert Harris, *Enigma*
Frederick Forsyth, *Il giorno dello sciacallo*
Topolino & Paperino
John Grisham, *La giuria*
Willy Pasini, *Intimità*

Oscar Mondadori
Periodico bisettimanale:
Suppl. al N. 2960 del 01/05/1997
Direttore responsabile: Massimo Turchetta
Registr. Trib. di Milano n. 49 del 28/2/1965
Spedizione abbonamento postale TR edit.
Aut. n. 55715/2 del 4/3/1965 - Direz. PT Verona

ISSN 1123-8356

43206
1997